RUDOLF PESCH

DIE BIBLISCHEN GRUNDLAGEN DES PRIMATS

Bischöfliches Generalvikariat
Fachstelle Ökumene
Domplatz 27
48135 Münster
Tel. (0251) 495-269

QUAESTIONES DISPUTATAE

Begründet von
KARL RAHNER UND HEINRICH SCHLIER

Herausgegeben von
PETER HÜNERMANN UND THOMAS SÖDING

187
DIE BIBLISCHEN GRUNDLAGEN DES PRIMATS

Internationaler Marken- und Titelschutz: Editiones Herder, Basel

RUDOLF PESCH

DIE BIBLISCHEN GRUNDLAGEN DES PRIMATS

HERDER

FREIBURG · BASEL · WIEN

Die Deutsche Bibliothek – CIP-Einheitsaufnahme

Pesch, Rudolf:
Die biblischen Grundlagen des Primats / Rudolf
Pesch. – Freiburg im Breisgau; Basel; Wien:
Herder, 2001
  (Quaestiones disputatae; 187)
  ISBN 3-451-02187-0

Alle Rechte vorbehalten – Printed in Germany

© Verlag Herder Freiburg im Breisgau 2001
Satz: Barbara Herrmann, Freiburg
Druck und Bindung: Difo-Druck, Bamberg 2001
Gedruckt auf umweltfreundlichem, chlorfrei gebleichtem Papier
ISBN 3-451-02187-0

Inhalt

Vorwort 9

Abkürzungen zitierter Literatur 11

Einleitung 13
Eine neue Dimension des Widerspruchs gegen den Primat . . 13

Hinführung 16
Zur Methode der Untersuchung
der Grundlagen des Primats Petri und seiner Weitergabe . . 16

    I. Der Kanon und die Frage nach dem Primat Petri und
       seiner Weitergabe 18

   II. Konsens und Dissens – zwei Beispiele 21
       1. Jürgen Roloff, Die Kirche im Neuen Testament
          (1993) 21
       2. Ulrich Luz, Das Evangelium nach Matthäus
          (Mt 8–17) (1990) 23
       3. Methodische Konsequenz gegen Inkonsequenzen . . 24
       4. Wegweisung für die katholische Exegese 27

  III. Das Bild vom „Primat" Petri im Neuen Testament . . . 30
       1. Matthäusevangelium 31
       2. Markusevangelium 39
       3. Lukasevangelium 41
       4. Johannesevangelium 43

  IV. Simon Petrus und die Ausübung des „Primats" 47
       1. Apostelgeschichte 47
       2. Corpus Paulinum 49
       3. Petrus-Briefe 50
       4. Die Petrusschule in Rom und das kanonische Petrus-
          bild 54

V. Gesichtspunkte zu den Grundlagen des Primats und insbesondere zu seiner Weitergabe 56
  1. Kirchengründung und Primat 56
  2. Die ‚Figur der Zwölf‘ 57
  3. Dienst an der Einheit 58
  4. Weitergabe des Primats? 59
  5. Der Richtungssinn der ‚klassischen‘ Primatstexte .. 60
  6. Einmaliges und Bleibendes: Petrus als ‚Fels‘ 63
  7. Notwendiges und Bleibendes: Petrus als ‚Hirt‘ 64

VI. Petrus als Typus 66
  1. Wofür ist Petrus Typus? 67
  2. Kollegial abgestützte personale Letztverantwortung 68

VII. Die Weitergabe der Vollmacht des Petrus in der nachapostolischen Zeit 70
  1. Das lukanische Doppelwerk 70
  2. Die beiden Petrusbriefe 71
  3. Das Corpus der Pastoralbriefe 72
  4. Die Sicherung des Apostolischen in nachapostolischer Zeit 74

VIII. Jerusalem und Rom – Petrus und Paulus 77
  1. Heilsgeschichtliche Translation 77
  2. Rom als Kristallisationspunkt der Petrustradition .. 78
  3. Petrus und Paulus 81
  4. Hinweise auf eine Weitergabe des Primats Petri in Rom? 82
  5. Die römische Gemeinde – Ort des Gedächtnisses an das Zeugnis Petri und Pauli 83

IX. Die Vollmachten Petri nach dem neutestamentlichen Petrusbild 85
  1. Missionsvollmacht 85
  2. Exorzistische Vollmacht, Heilungsvollmacht 86
  3. Lehrvollmacht 87
  4. Disziplinarvollmacht 89
  5. Versöhnungsvollmacht 90
  6. Leitungsvollmacht 91

X. Die sakramentale Struktur des Primats Petri, abgelesen
   am neutestamentlichen Petrusbild 92
   1. Nicht Fleisch und Blut (Mt 16, 17) 92
   2. Leben aus der Umkehr und der Vergebung
      (Lk 22, 32) 93
   3. Gegen den eigenen Willen geführt (Joh 21, 18) . . . 94

XI. Die historisch-kritische Rückfrage nach Petrus 95
   1. Während des Lebens Jesu 95
   2. In der Zeit der ersten Gemeinden bis zum Tod Petri 98

XII. Anforderungen an den Träger des Primats 105
   1. Der zum Verstehen kommt, wird Träger des Primats 105
   2. Der trotz seiner Schwäche stark ist, wird Träger des
      Primats 106
   3. Der das Martyrium auf sich nimmt, wird Träger des
      Primats 106

XIII. Primat und Kollegialität – apostolische Sukzession und
   apostolisches Leben 108
   1. Stellvertretung: personales und synodales Prinzip . . 108
   2. Sendung: Apostolische Sukzession und apostolisches
      Leben 110

Vorwort

*Jenseits fruchtloser Polemiken ...
einzig und allein den Willen Christi
für seine Kirche im Sinn haben.
Der Auftrag des Bischofs von Rom
in der Gruppe aller Bischöfe
besteht eben darin,
wie ein Wächter zu „wachen" (episkopein),
so dass dank der Hirten
in allen Teilkirchen
die wirkliche Stimme
des Hirten Christus zu hören ist.*

Johannes Paul II., Ut unum sint, 96.94.

In seiner Enzyklika „Ut unum sint" hat Papst Johannes Paul II. angeregt, dass sich die theologische Forschung im Blick auf eine mögliche weitere Klärung der Frage annehme, was notwendig zum Primat des Nachfolgers Petri gehöre und was sich als wandelbar erweise.

Die vorliegende Studie zu den „Grundlagen des Primats und seiner Weitergabe" habe ich für ein Symposion angefertigt, das die Kongregation für die Glaubenslehre in diesem Zusammenhang Anfang Dezember 1996 im Vatikan veranstaltet hat. In der damals vorgelegten Fassung ist sie in den Akten dieses Symposions veröffentlicht worden (Il Primato del Successore di Pietro. Atti del Simposio Teologico. Città del Vaticano 1998, S. 22–111). Einer Anregung von Joseph Kardinal Ratzinger und Bischof Walter Kasper folgend, habe ich die Studie leicht überarbeitet, um sie in einer erweiterten Fassung jetzt einer breiteren Öffentlichkeit zugänglich zu machen.

Ihr Titel wandelt ein Wort Leos des Großen ab: *Was an unserem Erlöser sichtbar war, ist in die Sakramente eingegangen.* Ich habe es aufgegriffen um anzudeuten, dass die Untersuchung der Grundlagen des Primats und seiner Weitergabe einer – einem solchen Wort entsprechenden umfassenden – historisch-kritische Engführungen überwindenden – Perspektive bedarf. Sie erweist sich gerade auch im ökumenischen Dialog über das Petrusamt als notwendig.

Bei der Ausarbeitung der Studie habe ich von den Mit-Theologen in der Katholischen Integrierten Gemeinde sehr viel Unterstützung erfahren. Gerhard Lohfink, Neutestamentler, Arnold Stötzel, Patristiker, und Ludwig Weimer, Dogmatiker, haben über Wochen hin mit mir zusammengearbeitet, damit die Untersuchung entstehen konnte. Und Hans Pachner, Bibliothekar, hat ebenfalls keinen geringen Anteil daran.

Unsere Zusammenarbeit gründet in einer Übereinstimmung, die sich nicht der Wissenschaft, sondern der Glaubens- und Kirchenerfahrung in der Katholischen Integrierten Gemeinde verdankt. Hier wurde seit 1966 eine „Strukturkongruenz" mit den in den biblischen Texten und den großen Zeugnissen der Tradition verdichteten Erfahrungen erlebt und reflektiert. Die Urteilsbildung der Theologen wurde dadurch über die historisch-kritische und systematisch-kritische Perspektive hinaus geweitet.

Der vorliegende exegetische Beitrag soll dazu helfen, den Weg zur Verwirklichung des gemeinsamen Wunsches von Papst Johannes Paul II. und von Joseph Kardinal Ratzinger zu bahnen: die bisherige Entfaltung der Lehre vom Petrusamt zu ergänzen durch den Blick auf die Einbindung des Bischofs von Rom in die römische Gemeinde, der bei den Gräbern der Apostelfürsten Petrus und Paulus die besondere Verantwortung für die Einheit der Kirche zugefallen ist.

Im Blick auf jene protestantische Exegese, die bislang nicht sehen kann, dass das (für sie nur ‚einmalige') Amt des Petrus auf Nachfolger weitergehen kann und muss, haben wir uns um eine Überwindung des Vorurteils bemüht, um den ersten Schritt zu einer gemeinsamen Neuentdeckung des Ursprungs und der Überlieferung.

Letzte Hand an den Text konnte ich anlegen, während ich seit dem 2. Januar 2000 in Jerusalem im hiesigen „Päpstlichen Institut Ratisbonne. Christliches Zentrum für Jüdische Studien" leben und arbeiten durfte. Dieses Haus ist dem besonderen Schutz des Hl. Petrus unterstellt und fordert gerade dazu heraus, die Gedanken sich zwischen Jerusalem und Rom hin- und herbewegen zu lassen. Dienst an der Einheit der Kirche lässt sich so nicht anders bestimmen als: Dienst an der Einheit des einen Gottesvolks: Israel-Kirche.

Ratisbonne, Saint Pierre de Sion, 3. Mai 2000,
Fest der Apostel Philippus und Jakobus

Rudolf Pesch

Abkürzungen zitierter Literatur

Klaus Berger, Theologiegeschichte des Urchristentums. Theologie des Neuen Testaments (UTB für Wissenschaft), Tübingen und Basel 1994.

Otto Böcher, Artikel „Petrus, Apostel, I, Neues Testament", in: Theologische Realenzyklopädie XXVI (1996) 263–273.

Gérard Claudel, La Confession de Pierre. Trajectoire d'une péricope évangélique (Études Bibliques, N. S. 10), Paris 1988.

Peter Dschulnigg, Petrus im Neuen Testament, Stuttgart 1996.

William R. Farmer & Roch Kereszty O. Cist., Peter and Paul in the Church of Rome. The Ecumenical Potential of a Forgotten Perspective (Theological Inquiries), New York – Mahwah 1990.

Joachim Gnilka, Das Matthäusevangelium II. Teil. Kommentar zu Kap. 14, 1 – 28, 20 und Einleitungsfragen (Herders Theologischer Kommentar zum Neuen Testament I/2), Freiburg i. Br. 1988.

Christian Grappe, D'un Temple à l'autre. Pierre et l'Église primitive de Jérusalem (Études d'Histoire et de Philosophie Religieuses 71), Paris 1992.

Martin Karrer, Petrus im paulinischen Gemeindekreis, in: Zeitschrift für die neutestamentliche Wissenschaft 80 (1989) 210–231.

Otto Knoch, Petrus im Neuen Testament, in: *Michele Maccarone* (a cura di), Il Primato del Vescovo di Roma nel Primo Millennio. Ricerche e testimonianze. Atti del Symposium Storico-Teologico, Roma, 9–13 Ottobre 1989, Città del Vaticano 1991, S. 1–52.

Ulrich Luz, Das Evangelium nach *Matthäus* (Mt 8–17) (Evangelisch-Katholischer Kommentar zum Neuen Testament I/2), Zürich-Braunschweig – Neukirchen-Vluyn 1990.

Bernhard Mayer (hg. v.), Christen und Christliches in Qumran? (Eichstätter Studien, Neue Folge XXXII), Regensburg 1992.

Karl-Heinz Menke, Stellvertretung. Schlüsselbegriff christlichen Lebens und theologische Grundkategorie (Sammlung Horizonte, Neue Folge 29), Einsiedeln – Freiburg 1991.

Roland Minnerath, De Jérusalem à Rome. *Pierre* et l'unité de l'église apostolique (Théologie Historique 101), Paris 1994.

Rudolf Pesch, Simon-Petrus. Geschichte und geschichtliche Bedeutung des ersten Jüngers Jesu Christi (Päpste und Papsttum 15), Stuttgart 1980.

Rudolf Pesch, Die *Apostelgeschichte (Apg 1–12)* (Evangelisch-Katholischer Kommentar zum Neuen Testament V/1), Zürich – Neukirchen-Vluyn 1986, ²1995.

Rudolf Pesch, Die *Apostelgeschichte (Apg 13–28)* (Evangelisch-Katholischer Kommentar zum Neuen Testament V/2), Zürich–Neukirchen-Vluyn 1986.

Joseph Ratzinger, Der *Primat* des Papstes und die Einheit des Gottesvolkes, in: Dienst an der Einheit, Düsseldorf 1978, S. 165–179.

Joseph Kardinal Ratzinger, Zur *Gemeinschaft* berufen. Kirche heute verstehen, Freiburg i. Br. 1991.

Jürgen Roloff, Die *Kirche* im Neuen Testament (Grundrisse zum Neuen Testament, NTD-Ergänzungsreihe 10), Göttingen 1993.

Lothar Wehr, *Petrus* und Paulus – Kontrahenten und Partner. Die beiden Apostel im Spiegel des Neuen Testaments, der apostolischen Väter und früher Zeugnisse ihrer Verehrung (Neutestamentliche Abhandlungen NF 30), Münster 1996.

Einleitung

Eine neue Dimension des Widerspruchs gegen den Primat

Dass der Primat des römischen Bischofs Anstoß erregt, ist nicht neu. Heute kommt der Anstoß aber aus einer neuen Dimension. Er entzündet sich nicht nur an den traditionellen Kontroversen. Er trifft sich mit der Grundposition der aufgeklärten, säkularisierten Moderne. Unsere Zeit hat den Boden des Christlichen verlassen. Sie hat daher fast alles Verständnis dafür verloren, dass es eine reale Dimension des Glaubens, des Nicht-nur-Weltlichen, Nicht-Verfügbaren, des Eschatologischen geben kann. Das betrifft nicht nur den Primat, sondern die Kirche insgesamt.

Antikirchliche Voreinstellungen
Die antikirchlichen Ressentiments vieler Zeitgenossen bündeln sich in der Ablehnung des Papsttums. Vielleicht kommen sie aber auch aus einer unbewussten großen Enttäuschung: Wird ihnen etwas Grundlegendes vorenthalten? Oder bleibt es nur unkenntlich hinter einem dichten Vorhang aus Kontroversen, deren Anlass und Ziel immer weniger Menschen kennen?

Erik Peterson schrieb schon 1926: „Die Menschen interessieren sich nicht für unsere theologischen Schulmeinungen und privaten Überzeugungen – und sie tun gut daran –, aber sie interessieren sich leidenschaftlich für jedes echte Dogma." Und: „Man habe den Mut, wieder in der Sphäre zu leben, in der das Dogma vorkommt, und man kann gewiss sein, dass sich die Menschen wieder für Theologie interessieren werden."[1]

Den Primat des Bischofs von Rom richtig auslegen und begründen setzt als Vorbedingung voraus, was Peterson meint, wenn er sagt, wir müssten den Mut haben, „wieder in der Sphäre zu leben, in der das Dogma vorkommt".

---

[1] *Erik Peterson*, Theologische Traktate, München 1951, S. 33.

Verzicht auf Vorrechte?
Heinrich Leipold hat im jüngsten Artikel über das Papsttum in der Theologischen Real-Enzyklopädie[2] festgestellt, bei aller Annäherung in der ökumenischen Diskussion bleibe doch ein „bis in die Wurzeln reichender Dissens" bestehen: „Das Nein gegenüber der katholischen Begründung bzw. Herleitung des päpstlichen Primatsanspruchs aus dem Neuen Testament."[3] „Um der Einigung der getrennten Christenheit willen müsste der Papst gegenüber den nicht-römisch-katholischen Kirchen auf alle Prärogativen verzichten, die bisher dieses Amt zu einem Amt der Trennung gemacht haben."[4] Wo Leipold sich zu einem „Ja zu einem Papstamt als pastoralem Dienst brüderlicher Liebe" durchringt, „das sich für die neue Funktion als ‚petrinischer Dienst' an der Einheit der Christenheit öffnet", fordert er: „Hier ist nichts von vorneherein als gültiger Anspruch dem anderen Dialogpartner aufzuerlegen ... Die gemeinsam zu lösende Aufgabe wird in einer präzisen Festlegung dessen bestehen, was als petrinischer Dienst des Papstes für alle Kirchen von allen Kirchen anzuerkennen ist."[5]

Absinken des theologischen Grundwasserspiegels
Die durchaus repräsentative Aussage Leipolds macht deutlich, wie sich das Absinken des theologischen Grundwasserspiegels äußern kann: als Bewusstsein, die „Sache" des Primats als eine Angelegenheit der Verhandlung, des Nachgebens, des Kompromisses ansehen zu können. Die öffentliche Diskussion der ökumenischen Frage, wie sie sich im Vorfeld von Katholiken- oder Kirchentagen vernehmen lässt, ist mehr und mehr davon bestimmt.

Zunehmend scheint Zusammenhanglosigkeit unsere Situation zu kennzeichnen: Der theologische und der historisch-kritische Blick gehen auseinander; das Reden vom Handeln Gottes und vom Handeln des Menschen scheint unvereinbar zu sein. Die Sphäre des Menschen, seiner Vernunft, seiner Freiheit und Kritik,

---

[2] *Heinrich Leipold*, Artikel Papsttum II. Die neuere ökumenische Diskussion, in: Theologische Realenzyklopädie XXV (1995) 676–695.
[3] *Ebd.* S. 691f.
[4] *Ebd.* S. 691.
[5] *Ebd.* S. 691. Vergleichbar argumentiert *Ulrich Kühn*, Papsttum und Petrusdienst. Evangelische Kritik und Möglichkeiten aus der Sicht reformatorischer Theologie, in: Das Papstamt. Dienst an der Einheit der Kirche und der Einheit der Christen. Frühjahrspriestertreffen in der Kath. Akademie Schwerte am 4. März 1996, S. 1–15. – *John Panagopoulos*, Ut unum sint. Bemerkungen zu der neuen päpstlichen Enzyklika aus orthodoxer Sicht, in: Concilium 31 (1995) 473–475 urteilt: „Der päpstliche Primat kann, im Sinne der Orthodoxen, allein als Theologumenon der lateinischen Kirche, wohl aber nicht als Wesensprinzip der Una Sancta angenommen werden."

und die Sphäre Gottes, seine offenbar gewordene Nähe in der Welt und im Leben der Menschen – sie erscheinen ohne Zusammenhang. Sie sind nicht mehr miteinander vermittelt, so dass sie sich befruchten, erleuchten, aufklären und stützen könnten. Die Frage des Primats, seiner Begründung und seiner Weitergabe ist kein Sonderfall. Sie ist eines der Felder, in dem die Probleme sich bündeln, die – nach Erik Peterson – damit gegeben sind, „dass Christus von Gott als der Fleischgewordene geredet hat" und „dass er nicht in das Bibelwort adäquat eingehen kann, sondern dass er, das Bibelwort durchstoßend, in einer anderen Sphäre der Realität sich verleiblicht."[6] Die Frage des Primats gehört zu den Grundfragen der Wirklichkeit der Kirche selbst – ihrer gottmenschlichen Wirklichkeit.

Die so angedeutete bzw. knapp beschriebene Situation, dass nämlich der theologische und der historisch-kritische Blick, dass die Rede vom Handeln Gottes und vom Handeln des Menschen immer weniger miteinander vermittelbar sind, spiegelt sich auch in der Handhabung der exegetischen Methoden.

---

[6] *Erik Peterson* (s. Anm. 1) S. 41.

Hinführung

*Zur Methode der Untersuchung
der Grundlagen des Primats Petri und seiner Weitergabe*

Die historisch-kritische Exegese des Neuen Testaments hat in den vergangenen Jahrzehnten viele Erkenntnisse gewonnen und die Theologie bereichert. Aber ihre Bemühungen sind trotz aller Fortschritte durch die Übergewichtung des diachronen Interesses einseitig geblieben.

Vor allem bei der Untersuchung der Evangelien stand, seit sich die historisch-kritische Methode durchgesetzt hatte, das Bemühen im Vordergrund, nach möglichst alten Quellen und Traditionsschichten zu suchen oder deren Fehlen nachzuweisen.

Solche Anstrengung trug mitunter kuriose Früchte, etwa in dem Versuch, Mt 16, 17–19 als nachträgliche Interpolation zu erweisen. Diese Interpolationsthese der alten liberalen Bibelkritik ist zwar längst überholt. Aber die fast romantische Hinwendung zu der je ältesten Tradition, eine Analogie zum heidnischen Altertumsbeweis für die Religion, spielt noch immer eine außerordentliche Rolle. Vorstufen des Textes werden als bedeutsamer gewichtet als der Endtext.

Eine methodische Wende
Trotz des Beharrungsvermögens solcher Tendenzen hat sich jedoch seit der Einführung der redaktionskritischen Methode und seit dem Aufkommen des Strukturalismus eine methodische Wende angebahnt; ihre Konsequenzen sind noch gar nicht absehbar. Endlich tritt wieder ins Bewusstsein, was eigentlich schon immer eine Selbstverständlichkeit hätte sein müssen: Der Endtext und die Sinnwelt, die er konstituiert, soll ausgelegt werden.

Selbstverständlich muss sich der Exeget auch immer um alle in Frage kommenden Vorstufen des Textes historisch-kritisch bemühen. Aber eben nicht um ihrer selbst willen, sondern um des richtigen Verständnisses des Endtextes willen.

Endtext der biblischen Exegese ist nicht die einzelne Perikope, nicht einmal die Einzelschrift eines alt- oder neutestamentlichen Verfassers, etwa des Matthäusevangeliums, sondern der Kanon.

Und die Schriften des Neuen Testaments, um bei ihm zu bleiben, stehen im Kanon nicht in der Reihenfolge, in der sie entstanden sind. Die Evangelien sind an den Beginn gestellt, die beiden Bücher des lukanischen Geschichtswerks auseinandergeschnitten, aus den verschiedenen Schriften der neutestamentlichen Autoren ist eine Gesamtkomposition und damit eine neue literarische Einheit geworden; und sie ist als letzte Interpretationsschicht den Büchern des Alten Testaments hinzugefügt.

Frage nach dem kirchlichen „Autorenwillen"
Eine konsequente neutestamentliche Exegese, die auf der Höhe der in der heutigen Literaturwissenschaft wiedergewonnenen Sichtweise steht, müsste also immer auch nach dem kirchlichen „Autorenwillen" fragen, der hinter dem Kanon steht, d. h. nach dem redaktionellen Willen, der das Alte und das Neue Testament als Gesamttext konstituiert hat. Was bedeutet im Neuen Testament Reihenfolge und Position der einzelnen Bücher? Hat die Auseinandersetzung um die richtige Form des kirchlichen Amtes, die wir auch als Ringen um die Weitergabe des Apostolischen in der Kirche verstehen dürfen, die Form des Kanons beeinflusst? Solche Fragen bedürfen unserer Aufmerksamkeit.

I

Der Kanon und die Frage nach dem Primat Petri und seiner Weitergabe

Die heutigen Bibeln geben uns nur unzureichend Anschauung von der Kanonischen Ausgabe, die im späten zweiten Jahrhundert – vermutlich in Rom und hier vielleicht von einer „Petrusschule"[7] – herausgegeben wurde. Diese Ausgabe hat mit der Anordnung der Sammlung ein theologisches Konzept vertreten: Die gewollte Einheit von Altem Testament und Neuem Testament und die Zuordnung der Schriften des Paulus zu denen der Jerusalemer Apostel um Petrus. David Trobisch[8] hat jetzt mit seinen (gewiss umstrittenen) Untersuchungen zur Entstehung des Kanons – obwohl das kaum in seiner Absicht lag – unseren Blick neu darauf gelenkt, dass der Kanon für die Frage nach dem Primat und seiner Weitergabe bedeutsam ist.

---

[7] Vgl. dazu *Otto Knoch*, Gab es eine Petrusschule in Rom? Überlegungen zu einer bedeutsamen Frage, in: Studien zum Neuen Testament und seiner Umwelt A 16, Linz 1991, S. 105–126; Knoch bemerkt S. 116f, dass der Träger der in Joh 21, 15–17 greifbaren Petrustradition ein „Petruskreis in Rom ..." war, ein „Kreis, der sich Petrus verpflichtet wußte und sich für das Wohl und die Einheit der Gesamtkirche einsetzte." Vgl. auch *Ders.*, Exkurs: Die Petrusschule in Rom, in: Der Erste und zweite Petrusbrief. Der Judasbrief (Regensburger Neues Testament), Regensburg 1990, S. 143–146.

[8] *David Trobisch*, Die Endredaktion des Neuen Testamentes. Eine Untersuchung zur Entstehung der christlichen Bibel (Novum Testamentum et Orbis Antiquus 31), Freiburg/Schweiz-Göttingen 1996. – Vorarbeiten von *David Trobisch* sind: Die Entstehung der Paulusbriefsammlung. Studien zu den Anfängen christlicher Publizistik (Novum Testamentum et Orbis Antiquus 11), Freiburg/Schweiz-Göttingen 1989; Die Paulusbriefe und die Anfänge der christlichen Publizistik (Kaiser Taschenbücher 135), Gütersloh 1994. Anhand der Notierung der Nomina Sacra im Alten und Neuen Testament, der Verwendung der Kodexform (anstelle der Rolle), der Reihenfolge der Bücher wie des Umfangs der Sammlung in den Handschriften, der Buchtitel und des Titels der Kanonischen Ausgabe „Altes und Neues Testament" erschloss Trobisch eine Endredaktion des Kanons im zweiten Jahrhundert mit folgenden inhaltlichen Zielen: „Erstens: Die jüdische Bibel ist als Heilige Schrift der Christen unverzichtbar. Die Titel ‚Altes Testament' und ‚Neues Testament' verbinden beide Sammelwerke zu einer literarischen Einheit. Zweitens: Neben die Schriften des Apostels Paulus werden gleichwertig die Schriften der Jerusalemer Apostel gestellt" (S. 122). Das Auswahlkriterium bestand nach Trobisch darin, „Schriften herauszugeben, die den Konflikt zwischen Paulus und den Jerusalemer Autoritäten entschärften" (S. 147), den Trobisch freilich in protestantischer Tradition überbewertet.

Der Kanon zielt auf die Einheit der Kirche
Gegen Markion werden von der Kirche im zweiten Jahrhundert folgende „Spannungen" im Kanon zusammengehalten: Altes und Neues Testament; das judenchristliche Fundament der Kirche mit den Jerusalemer Säulen, insbesondere Petrus, und die Kirche aus den Heiden mit Paulus.
Die Intention der Sammlung zielt auf die Einheit. Dabei zeigt sich, dass die spannungsvolle Einheit im Neuen Testament durch den Vorrang eines ‚Fundaments' gewährleistet wird: Das Heil kommt aus den Juden, vom Herrn Jesus her, der in den Evangelien zu Wort kommt – in der Überlieferung seiner Zeugen von Anfang an, der judenchristlichen Urgemeinde, der Jerusalemer Säulen.
Die Einheit wird erhalten durch Petrus, den Apostel von Juden und Heiden, den Apostel in Jerusalem und Rom; er kann alles zusammenhalten.[9]

Vorrang des Petrus im Einheitsdienst
Im Kanon entspricht einem Testament des Petrus (2 Petr) ein Testament des Paulus (2 Tim); beide schreiben aus Rom. Im Testament des Petrus werden alle Überlieferungseinheiten des Gesamtkanons vorausgesetzt bzw. genannt: Altes Testament, Evangelien (Verklärungsgeschichte; Joh 21), praxapostolos = die katholischen Briefe (1 Petr, Jud) und Paulus.
Der entscheidende Übergang von den Evangelien[10] zur Apostelgeschichte ist mit Joh 21 gegeben. Die Apostelgeschichte erzählt die grundlegende Anfangsgeschichte der Kirche, den Weg von Jerusalem bis Rom, also von der Zeit des Messias zur Zeit der Kirche. Im Nachtragskapitel Joh 21[11] ist zuvor die Beauftragung des Petrus mit dem Hirtenamt geschildert – samt einem Vor-

---

[9] Das Neue Testament wird von 4 Überlieferungsschichten gebildet: (a) 4 Evangelien, in denen Petrus Hauptzeuge ist; (b) Apostelgeschichte, die Petrus und Paulus verbindet, und 7 katholische Briefe, also die Stimme der „Säulen", Jakobus, Petrus – das Tridentinum nennt Petrus zuerst, vor Jakobus; vgl. DS 1503 – und Johannes und des Herrenbruders Judas (Apostelgeschichte und katholische Briefe bilden zusammen den *praxapostolos*); (c) 14 Paulusbriefe; (d) Johannesoffenbarung.
[10] Mit der Abfolge Markusevangelium (vom Petrusschüler) – Lukasevangelium (vom Paulusschüler) sind auch hier Petrus und Paulus verklammert.
[11] Joh 21 verdankt als Nachtragskapitel seine Position den Herausgebern des Kanons. *David Trobisch*, Endredaktion (s. Anm. 8) weist darauf hin, „dass der Herausgeber der kanonischen Evangeliensammlung auch zu den Herausgebern des Johannesevangeliums gehört (S. 150f) und dass sich „Joh 21 als die zeitlich letzte Passage der Kanonischen Ausgabe" (S. 154) ausweist. – *Klaus Berger*, Formgeschichte des Neuen Testamentes, Heidelberg 1984, S. 80, hat darauf aufmerksam gemacht, dass Joh 21 gattungskritisch „kein Nachtragskapitel ist", weil es zur Gattung „Bestellung des ‚Nachfolgers'" gehöre. Der Nachfolger werde „nunmehr durch das Wunder (zu-

blick auf sein Martyrium in Rom. Der Vorrang des Petrus im Einheitsdienst ist betont: Er schleppt das Netz, das nicht zerreißt; er liebt den Herrn „mehr als diese".

Der Kanon gibt eine Anweisung, wie die Abfolge der neutestamentlichen Bücher verstanden werden soll. Durch diese gleichsam kanonische „Rezeptionsanweisung" rückt Joh 21, 15–17 viel stärker neben und vor Mt 16, 16–19 in den Blick, als dies normalerweise geschieht; und die Bedeutung der beiden Petrusbriefe für die Petrustypologie tritt hervor.

Der Leser erhält im Kanon das Bild eines eindrucksvollen Geflechts apostolischer Zeugen, das von Petrus als ihrer Mitte zusammengehalten wird. Und dies ist für die Ausprägung eines Petrusamtes von nicht zu unterschätzender Bedeutung. Denn das neutestamentliche Petrusbild wirkt durch den Kanon umfassend prägend – und zugleich bleibt er für jede faktische Ausbildungsform des Primats die kritische Instanz.

Die Ausbildung des Kanons war ja ein Prozess kirchlicher Selbstvergewisserung, der Wahrnehmung der eigenen, unterschiedenen und unverwechselbaren Identität anhand der Glaubensurkunden der Ursprungszeit. Es war ein Prozess der Sammlung, wie er dem Kirchewerden selbst entspricht. Zum Ergebnis der Sammlung gehört ein umfassendes Petrusbild. Es strukturiert den Primat. Es ist Vorgabe für Ausbildung und Reform, auch für die Unterscheidung von Bleibendem und Wandelbarem – auch für die kritische Rückfrage, ob wirklich das, was an Petrus sichtbar war, in den Primat eingegangen ist.

---

gleich Zeichenhandlung) erwiesen und dann folgen, wie auch sonst oft, Installatio (V. 15–17) und persönliches Vaticinium (V. 18–23)."

II
Konsens und Dissens – zwei Beispiele

Die Exegese des Neuen Testaments hat sich seit kurzem um die wirklich synchrone Auslegung der einzelnen Evangelien bemüht. Das hat dazu geführt, dass das Petrusbild der vier Evangelien in seiner von den Evangelisten gewollten Kontur mit größerer Deutlichkeit vor unseren Augen steht. Die Bemühung um die Auslegung des Endtextes hat auch dazu beigetragen, dass heute viele Divergenzen zwischen katholischer Primatsauffassung und protestantischer Exegese, z. B. in der Beurteilung des wichtigen Textes Mt 16, 16–19, überwunden sind. Es gibt aber auch nach wie vor den Dissens.[12]

Konsens und Dissens werden im folgenden zunächst anhand der Behandlung von Mt 16, 16–19 in den Arbeiten von zwei prominenten protestantischen Autoren dargestellt.

1. Jürgen Roloff, Die Kirche im Neuen Testament (1993)

Der Erlanger Neutestamentler überschreibt seine Darstellung (S. 162–165) der Bedeutung von Mt 16, 17–19 mit: „Petrus als Garant der die Kirche tragenden Tradition". Er bemerkt, dass sich in der neueren Forschung „in einigen wichtigen Punkten ein breiter, die traditionellen Konfessionsgrenzen überschreitender Konsens" abzeichnet. Matthäus bestimme mit diesem Text, der in die Markusvorlage 8, 27–30 eingefügt sei, die urkirchliche Position des Petrus.

Eine Bestimmung der Autorität des Petrus
Jürgen Roloff schreibt: „Sprachliche Indizien verweisen (für Mt 16, 16–19) auf eine Herkunft aus dem frühen hellenistischen Ju-

---

[12] Der Dissens hängt letztlich mit dem konfessionellen, dem kirchlichen Standpunkt des Exegeten zusammen, weil „jede Wertung exegetischer Einzelbefunde von einer Gesamtperspektive abhängt und der Entscheid für oder gegen folglich gar nicht in der Einzelexegese allein gefällt werden kann"; so *Joseph Ratzinger*, Primat S. 171. Der konfessionsgebundene Dissens bleibt beim Vergleich der Matthäuskommentare von *Joachim Gnilka* und *Ulrich Luz*, den *Peter Dschulnigg*, Petrus S. 59–64, durchführt, unterbewertet.

denchristentum ... Das Baulogion V. 18b dürfte auf alte Tradition zurückgehen: Der Jünger soll ‚Stein' heißen, weil er die Funktion eines Felsens haben soll ... Wir haben es vermutlich mit einer Interpretation des Petrus-Namens durch gemeindliche Kreise in den ... Hauptwirkungsfeldern des Petrus zu tun."

Traditionell sei auch das Logion vom Binden und Lösen V. 19bc. Binden und Lösen meine in Mt 16, 18 die Lehrvollmacht, in Mt 18, 18 die Kirchenzucht. Das Schlüsselwort V. 19a sei vom Evangelisten ebenso wie der einleitende Makarismus (die Seligpreisung) frei gestaltet.

Jürgen Roloff fragt: „Wie lässt sich nun aus Mt 16, 17–19 die Bedeutung des Petrus für Matthäus genauer bestimmen?" Er beantwortet seine Frage so:

Petrus ist „Urbild des bekennenden Jüngers" und „steht zugleich in geschichtlich einmaliger Weise prägend am Ausgangspunkt christlicher Jüngerexistenz." Er ist „Prototyp des christlichen Lehrers" und der „Gewährsmann der Überlieferung von Jesus". Er ist „der die Kirche tragende Grundstein". Die Gemeinde verdankt ihm „jene Kenntnis des Willens Jesu, die den Zugang zur Gottesherrschaft aufschließt."

Die Kirche als Bau und das Petrusbild
Jürgen Roloff wendet sich dann dem Bild von der Kirche als Bau in diesem Zusammenhang zu. Was bedeutet es für das Petrusbild? Er schreibt:

„Petrus ist der Grundstein des zu errichtenden Baus ... Bei Matthäus liegt alles Gewicht auf dem Handeln Christi. Er allein ist der Bauende ... Demgegenüber erscheint die Petrus zugewiesene Funktion vergleichsweise bescheiden: Als das Fundament ist er dazu da, dass die *ekklesia* einen Anhalt hat ... Weder scheint für Matthäus der Apostolat des Petrus in diesem Zusammenhang eine Rolle zu spielen, noch ist die Frage der konkreten Gestaltung kirchlicher Ämter und Leitungsstrukturen dabei im Blick, von der Begründung eines Petrusamtes ganz zu schweigen."

Jürgen Roloff stellt abschließend fest: ein kirchlicher „Petrusdienst" sei „einzig denkbar in Gestalt eines Dienstes, der, im Anschluss an den Jünger Petrus, die Existenzweise der Jüngerschaft als Grundform christlichen Lebens der ganzen Christenheit glaubwürdig vor Augen stellte."

Wir nehmen zu dieser Auslegung Stellung, wenn wir das zweite Beispiel vorgestellt haben.

2. Ulrich Luz, Das Evangelium nach Matthäus (Mt 8–17) (1990)

Der große Kommentarband des Berner Neutestamentlers fügt der Kommentierung von Mt 16, 13–20 (S. 450–466) einen Exkurs „Petrus im Matthäusevangelium" (S. 467–471), eine Zusammenfassung zu Vv. 17–19 (S. 471f) und einen Beitrag zu deren Wirkungsgeschichte (S. 472–483) hinzu.

Jürgen Roloff hatte Ulrich Luz in der traditions- und redaktionskritischen Analyse des Textes nahezu vollständig zugestimmt. Auch in der Auslegung des matthäischen Textes stimmen beide Forscher fast ganz überein, bis zur Bestimmung der Doppelrolle des Petrus als Typus des Jüngers und einmaligen Anfängers.

Wie sieht Ulrich Luz Petrus bei Matthäus?
Er schreibt: „Petrus hat in der Kirche eine unvertretbare Funktion: Er ist der Baugrund, unterschieden von allem, was dann darauf gebaut wird. Unausgesprochen, aber naheliegend ist auch der Gedanke an die Einheit der Kirche, die auf einem Fundament ruht" (462).

Petri Schlüsselgewalt meint eher „das Lehren, in 18, 18 ist an das Richten gedacht" (465). Schlüsselmann und „Fels ist Petrus als Bürge und Garant der Lehre Jesu" (466). Der Gedanke der Kirchenzucht und der Sündenvergebung kann für Mt 16, 19 nicht ausgeschlossen werden: „Es geht um seine, des in Rom schon vor einigen Jahren verstorbenen Apostels ganz besondere Vollmacht" (466).

Im Exkurs „Petrus im Matthäusevangelium"
Ulrich Luz stellt Petrus zweifach als „Typus" vor: als Jüngersprecher und Schüler und als Paradigma christlichen Verhaltens bzw. Fehlverhaltens. Dann als einmalige Gestalt: „In der mt Geschichte ist Petrus offensichtlich eine einmalige und einzigartige Gestalt ... Seine Einmaligkeit zeigt sich gerade darin, dass der ‚einmalige' Petrus in der Gegenwart eine typische Funktion hat" (468). Und weiter:

„Petrus wird zum lebendigen Ausdruck dafür, dass die Kirche dauernd an ihren geschichtlichen Anfang zurückverwiesen ist" (468). „Eine exakte Parallele zur mt Petrusgestalt ist der johanneische Lieblingsjünger ... Jedenfalls gehört das mt Petrusbild in die nachapostolische Zeit und ist typisch für sie" (469).

„Zusammenfassung" von Ulrich Luz:
„In unserem Text geht es besonders um das wahre Bekenntnis der Kirche, das Petrus der Kirche vorgesprochen und das Jesus für sie bekräftigt hat. In alldem ist Petrus für die Kirche grund-legend ... Aber gerade deswegen ließ sich das Einmalige nicht fortsetzen. Die alte protestantische ... These, dass Mt 16, 17–19 keine Sukzession im Petrusamt ins Auge fasst ... entspricht dem Richtungssinn des Textes: Der Fels, das Fundament, ist von dem, was darauf gebaut wird, grundsätzlich verschieden. Der Fels bleibt; das darauf gebaute Haus wächst in die Höhe" (471).

Bei der Darstellung der „Wirkungsgeschichte" fragt Luz schließlich: „Kann dieser Petrusdienst in der ‚Zielrichtung' unseres Textes auch durch ein zentrales Petrusamt übernommen werden?" (472). Die negative bzw. nur eingeschränkt positive Antwort lautet: Auch die katholische Forschung in ihrer großen Mehrheit vertrete heute den von den Konzilsvätern 1870 unter das Anathema gestellten Satz DS Nr. 3055, Petrus habe den Jurisdiktionsprimat nicht direkt und unvermittelt vom Herrn Jesus Christus empfangen.

Der päpstliche Primat sei erst das Ergebnis einer geschichtlichen Entwicklung, und fraglich sei, ob diese Entwicklung dem Richtungssinn der neutestamentlichen Texte entspreche: „In der Perspektive von Mt 16, 18f liegt vielleicht ein Petrusamt als Repräsentation der ganzen Kirche, aber nicht als ihre Spitze" (482).

3. Methodische Konsequenz gegen Inkonsequenzen

Die beiden protestantischen Exegeten zeigen den deutlichen Fortschritt der interkonfessionell zusammenarbeitenden neutestamentlichen Forschung an. Sie stimmen in ihrer Interpretation von Mt 16, 16–19 untereinander und mit katholischen Neutestamentlern weitgehend überein und unterscheiden sich erheblich von früheren protestantischen Auslegungen.

Beide vertreten aber auch die Auffassung, die Petrusverheißung könne die Begründung des Primats, wie er in der katholischen Kirche festgehalten wird, nicht stützen. Doch sind sie in ihrer Exegese wirklich konsequent?

Petrus – nur Jünger?
Beide reduzieren bei der Auslegung von Mt 16, 16–19 Petrus auf den „Jünger" und beachten ihn fast gar nicht als den Ersten der Zwölf und „Apostel", obwohl sie andernorts das apostolische Amt im Neuen Testament würdigen. Damit haben sie für die wei-

tere Auslegung und die Bestimmung des Richtungssinns des Textes eine entscheidende Weiche gestellt: Sie haben ihm seine ‚amtstheologische' Durchschlagskraft genommen.

Die Konzentration auf den „Jünger" hat zwar scheinbar einen Anhalt im Matthäusevangelium selbst, weil Matthäus außer in Mt 10, 2, wo er den Begriff *apostolos* benutzt, nur von Jesu Jüngern spricht. Aber Matthäus hat die Zwölf, die Jünger und die Apostel identifiziert.[13] Er hat gerade in seinem außerordentlich wichtigen Text Mt 10, 2f, am Beginn der Sendungsrede, nicht nur die Zwölf namentlich vorgestellt und Petrus als „ersten" benannt, sondern auch ausdrücklich von den „zwölf Aposteln" gesprochen.

Wenn also Jürgen Roloff in seiner Behandlung von Mt 16, 16–19 immer nur von Petrus als „Jünger", als dem „anfänglichen Jünger" (165) und als dem „Urbild des wahren Jüngers" (164) spricht, entsteht damit notwendig ein falsches Bild. Dem matthäischen Text wird das „Apostolische" genommen.

Und dies ist wohl beabsichtigt; denn Roloff schreibt: „Weder scheint für Matthäus der Apostolat des Petrus in diesem Zusammenhang eine Rolle zu spielen, noch ist die Frage der Gestaltung konkreter kirchlicher Ämter und Leitungsstrukturen dabei im Blick, von der Begründung eines ‚Petrusamtes' ganz zu schweigen" (165).

Petrus ist der erste Apostel
Ulrich Luz betont zwar mehrere Male, dass Petrus zur „apostolischen Grundgestalt" der nachapostolischen Zeit wurde (469f). Aber aufs Ganze gesehen zeigt auch für ihn Mt 16, 16–19 Petrus als den Typus des „Jüngers". Dass er als Apostel zugleich Typus des „Amtsträgers" ist, wird nur am Rande (vgl. etwa S. 466) vermerkt.

Trotzdem muss man sagen: Dass bei Jürgen Roloff und Ulrich Luz Petrus als „Urbild" bzw. als „Typus" begriffen wird, eröffnet die Möglichkeit, noch einmal neu auf ein Petrusamt zu blicken. Denn zum Wesen des „Typus" gehört ja gerade, dass er abgebildet und nachgeformt werden soll.

Jeder Typus ist dazu da, zu prägen, zu bilden und zu formen. Man kann sich das gut an den Exoduserzählungen klarmachen.[14]

---

[13] So auch *Ulrich Luz*, Matthäus I, selbst zu Mt 9, 9 mit *Rudolf Pesch*, Levi-Matthäus (Mk 2, 14/ Mt 9, 9; 10, 3). Ein Beitrag zur Lösung eines alten Problems, in: Zeitschrift für die neutestamentliche Wissenschaft 59 (1968) 40–56.
[14] *Norbert Lohfink*, Das Siegeslied am Schilfmeer. Christliche Auseinandersetzungen mit dem Alten Testament, Frankfurt am Main 1965, S. 102–128.

Dort findet sich das spätere Israel nicht nur wieder, sondern es formt seine Geschichte nach dem Bild dieser Texte. Wenn Matthäus in Petrus nicht nur das Urbild und den Typus des Jüngers, sondern eben auch den des apostolischen Amtsträgers gesehen hat – und zwar des Amtsträgers, der an der ersten Stelle steht (vgl. Mt 10, 2) und das Fundament der Kirche sein wird –, dann heißt das, dass Petrus auch in dieser Hinsicht die künftige Kirche formen und prägen soll.

Die Frage nach einem Petrus-Nachfolger
Schließt die Verbindung des Einmaligen mit dem Typischen im Petrusbild des ersten Evangelisten die Frage nach einem „Nachfolger" des Petrus aus? Wieso lässt sich „Einmaliges nicht fortsetzen"? Ist der „Richtungssinn des Textes" mit „Der Fels bleibt; das darauf gebaute Haus wächst in die Höhe" richtig bestimmt?

Die Frage nach dem Typus verdient weitere Aufmerksamkeit. Denn der Dissens beginnt ja bei den Fragen: Wofür ist Petrus Typus? Und welche Besonderheiten sind zu beachten, wenn Petrus Typus ist? In synchroner Lektüre muss das ganze Neue Testament (und das Alte) einbezogen, alle klassischen Vikariatstexte müssen berücksichtigt werden. Ein Vergleich mit den „Typen" des „Lieblingsjüngers" (im Johannesevangelium) und des „Paulus" (in den Pastoralbriefen) ist angebracht. Zunächst aber können wir festhalten:

Dass Matthäus selbst noch nicht sah, wie sich das Felsen-Amt des Petrus in der Kirche konkret realisieren und ausbilden würde, ändert nichts daran, dass er es für die Kirche als unabdingbar und wesentlich herausstellen konnte. Ist Petrus „Urbild", dann ist es auch seine Felsenfunktion; und auch diese muss sich dann in der Kirche ausprägen.

Wir sind bei der Hinführung zur Methode der Untersuchung schon unversehens in die Sache selbst hineingeraten. Das Petrusbild des Matthäus mit seiner urbildlichen Geschichtsmächtigkeit verbindet sich im Kanon des Neuen Testaments mit einer Fülle weiterer Bilder, die dem matthäischen mit zu seiner Entfaltung geholfen haben. Dem Petrusbild des Neuen Testaments sollten wir uns nun bald zuwenden.

4. Wegweisung für die katholische Exegese

Bei der Vorstellung des Dokuments der Bibelkommission „Die Interpretation der Bibel in der Kirche" rühmte Papst Johannes Paul II. „die Offenheit des Geistes", in dem die Erklärung abgefasst sei; er hob hervor, dass sie es versteht, „die Diachronie und die Synchronie auszugleichen." Er fuhr fort: „Noch wichtiger bleibt, dass die katholische Exegese ihre Aufmerksamkeit nicht nur auf die menschlichen Aspekte der biblischen Botschaft richtet, aber auch nicht nur auf die göttlichen Aspekte, wie es der Fundamentalismus möchte; sie bemüht sich, die einen wie die andern zu erhellen."[15]

In seinem Geleitwort hat Joseph Kardinal Ratzinger die Frage nach der Methode als Frage danach artikuliert, „wie denn der Sinn der Heiligen Schrift erkannt werden könne, dieser Sinn, in dem Menschenwort und Gotteswort, die Einmaligkeit historischen Geschehens und das Immerwährende des ewigen Wortes ineinandergreifen."[16]

---

[15] Zitiert nach: *Die Interpretation der Bibel*. Das Dokument der Päpstlichen Bibelkommission vom 23. 4. 1993 mit einer kommentierenden Einführung von Lothar Ruppert und einer Würdigung durch Hans-Josef Klauck (Stuttgarter Bibelstudien 161), Stuttgart 1995, S. 60.
[16] *Ebd.* S. 92. – Vgl. auch *Joseph Cardinal Ratzinger*, Schriftauslegung im Widerstreit. Zur Frage nach Grundlagen und Weg der Exegese heute, in: *Ders.* (hg. v.), Schriftauslegung im Widerstreit (Quaestiones Disputatae 117), Freiburg i. Br. 1989, S. 15–44. – Die Kritik an Ratzingers Ausführungen bei *Hubert Frankemölle*, Schriftauslegung im Widerstreit, in: Bibel und Kirche 45 (1990) 200–204 ist nicht nur merkwürdig hämisch-aggressiv im Ton, sondern auch in mancher Hinsicht höchst ungerecht. Beispiel: H. Frankemölle liest aus dem von J. Ratzinger in Anm. 8 mit Hinweisen auf „Dei Verbum" Art. 11 und 12 gestützten Satz, „dass der Kirche in ihren amtlichen Organen das entscheidende Wort in der Schriftauslegung zukommt" (S. 20), heraus, der Kardinal denke an ein „nicht an die Schrift zurückgebundenes Amt in der Kirche" (S. 204). Als stünde in „Dei Verbum" Art. 10 nicht jener Satz: „Das Lehramt ist nicht über dem Wort Gottes, sondern dient ihm ...", den *Joseph Ratzinger* so kommentiert hat: „Erstmals betont hier ein lehramtlicher Text ausdrücklich die Unterordnung des Lehramtes unter das Wort, seinen Dienstcharakter" (Kommentar zum 2. Kapitel von „Dei Verbum", in: Das Zweite Vatikanische Konzil. Konstitutionen, Dekrete und Erläuterungen, Lexikon für Theologie und Kirche, Ergänzungsbände, ²1967, S. 527).
Zur Begründung der Auslegungsautorität der Kirche und ihres Lehramts finden sich vorzügliche Ausführungen bei *Romano Guardini*, Heilige Schrift und Glaubenswissenschaft, in: Die Schildgenossen 8 (1928) 24–57; vgl. dort z. B. S. 55: „Der individualistisch denkende Mensch hat einen ‚antikirchlichen Affekt'. Dieser lässt ihn einen solchen Anspruch der Kirche als Druck auf die religiöse Freiheit empfinden; als Verstaatlichung der religiös-personalen Sphäre. Jener Anspruch der Kirche aber geht grundsätzlich nicht von einer Geringschätzung der Person und der religiösen Innerlichkeit aus ... Der Vorgang der Offenbarung ist auf die wirkliche Person gerichtet. So richtet er sich von vornherein auf den in der Kirche stehenden Einzelnen; auf die in den Einzelnen stehende Kirche. Dabei hat wesensgemäß die Kirche als die

Das Einmalige und das Bleibende
Die Frage nach dem Einmaligen und dem Bleibenden hat sich uns bereits als eine Grundfrage auch der Untersuchung der Grundlage des Primats und seiner Weitergabe erwiesen. Sie spiegelt sich auch in der Frage nach dem Miteinander von Synchronie und Diachronie. Nur die Verbindung der Frage nach dem geschichtlichen Prozess mit der Deutung der approbierten Endgestalt der Überlieferung entspricht dem Wesen der Schrift.

Nur im Horizont einer gesamtbiblischen Theologie kann der „Richtungssinn" der Primatstexte erhoben werden. Dann erst kann die Frage nach der einmaligen Geschichte Petri oder der Repräsentation eines bleibenden Amtes durch ihn in einen kritischen Dialog hineingenommen werden, in dem die Wirkungsgeschichte der Primatstexte gewürdigt wird.

Einheit von Altem und Neuem Testament
Der kirchliche Kanon der Schrift ist durch die Einheit des Alten und des Neuen Testaments und die Einheit der *„ecclesia ex circumcisione"* (Kirche aus der Beschneidung = aus den Juden) mit der *„ecclesia ex gentibus"* (Kirche aus den Völkern) bestimmt. Der „Richtungssinn" der biblischen Texte wird also nur erkennbar werden aus der Tiefe der Geschichte des einen Volkes Gottes, das zum Leib des Messias geworden ist, aus dem Weg der Verankerung der Wahrheit Gottes und seines Plans in Israel und in der Kirche. Dabei gilt:
– Das Alte Testament bleibt ohne das Neue Testament missverständlich. Das Neue Testament ist ohne das Alte Testament unverständlich.
– Der entscheidende „kontextuelle" Zugang zum Verstehen der Schrift ist die Kirche selbst.[17]
– Die historisch-kritische Methode[18] mit der Vielfalt ihrer Einzel-

---

christliche Ganzheit, als die objektive Instanz, den Primat vor dem Einzelnen. Keinen Primat des Wertes, sondern der Repräsentation, der Autorität, der Funktion, der Führung und der Leitung."

[17] Vgl. *Päpstliche Bibel-Kommission*, Die Interpretation der Bibel in der Kirche (s. Anm. 15), S. 141: „Indem sie den Kanon der Schriften feststellte, (hat sie) ihre eigene Identität deutlich erkannt und definiert, so dass die Heilige Schrift fortan wie ein Spiegel ist, in dem die Kirche ihre Identität immer wieder entdecken kann."

[18] Seit langem misst sich das Prädikat „wissenschaftlich" oder auch „kritisch" eine Exegese zu, die nach eigenem Maßstab in Liberalität über ihren Gegenstand, über ihre Quellen urteilt. Untersuchungen der Primatsfrage, die mit überlieferungskritisch negativen Ergebnissen aufwarten, beanspruchen (deshalb) Geltung als „wissenschaftlich" oder „kritisch". Doch bezieht sich das Prädikat „wissenschaftlich" oder „kritisch" zunächst gar nicht auf die Ergebnisse einer Untersuchung, sondern auf deren Methode.

zugänge zur Heiligen Schrift bedarf angesichts ihres ‚Gegenstands' auch der Einbindung in das Gespräch mit einer (katholischen und ökumenischen) Theologie der Kirche, ihrer Sakramente und Ämter.

„*Die Schrift nach ihrer Glaubensregel auslegen*"
Vielleicht können wir heute neu verstehen, was Johann Adam Möhler vor gut 150 Jahren aus der ersten Zeit der Auseinandersetzung der kirchlichen Exegese mit ihrem rationalistischen Widerpart wusste: Die Forderung der Kirche, die Schrift „nach ihrer Glaubensregel auszulegen", stimmt „mit den Forderungen einer ächt historisch-grammatischen Interpretation vollkommen überein, und gerade die gelungenste Auslegung dieser Art müsste am treffendsten ihre Lehre wiedergeben."[19]

Heute muss neu der – nicht nur historisch-methodologisch, sondern auch ethisch einzig verantwortbare – Grundsatz herausgestellt werden: *In dubio pro traditione*. Jede alt- und neutestamentliche Überlieferung verdient aufmerksam vernommen und gewürdigt zu werden – ohne jede pauschalisierende (Ab-)Qualifizierung. Und dies gilt umso mehr für Überlieferungen, die direkt oder indirekt den Primat und seine Weitergabe berühren, weil sie der Vorurteilsanfälligkeit besonders ausgeliefert sind, die durch jahrhundertelangen Konfessionsstreit (oft unbewusst) gewachsen ist.

[19] *Johann Adam Möhler*, Symbolik oder Darstellung der dogmatischen Gegensätze der Katholiken und Protestanten nach ihren öffentlichen Bekenntnisschriften, Mainz 1832, Regensburg [8.9]1913, § 42. – Zur Frage der Schriftauslegung bei Möhler: *Rudolf Pesch*, Einheit, Kirchenspaltung und Auslegung der Schrift, in: Ecclesiae Solamen. Der Kirche ein Trost. Gedanken zur Theologie Johann Adam Möhlers, hg. v. *Traudl Wallbrecher*, München 1982, S. 49–59.

III

Das Bild vom „Primat" Petri im Neuen Testament[20]

In der Gestalt des Kanons, wie er am Ende des zweiten Jahrhunderts – wahrscheinlich in Rom – herausgegeben wurde, ist, gleich ob intendiert oder nicht, faktisch die Vorrangstellung des Petrus besonders herausgestellt worden. Im ersten Teil des Kanons, den Evangelien, wird erzählt – und im Gedächtnis des Lesers (und der Kirche) entsteht aus vier Erzählungen ein spannungsreiches Gesamtbild –, wer derjenige ist, der einen besonderen Auftrag von Jesus erhält, und was es mit diesem Dienst auf sich hat.

Im zweiten Teil, ab der Apostelgeschichte, erfahren wir, wie Petrus sein Amt ausgeübt hat, z. B. auch durch die beiden Briefe, die unter seinem Namen in den Kanon Eingang gefunden haben.

Ein Durchgang durch die vier Evangelien, der ihren geschichtlichen Standort und ihre unterschiedlichen Sehweisen so weit wie möglich und notwendig berücksichtigt, rückt uns ein genügend deutliches Bild vom Träger, der Vollmacht und den Anforderungen des Primats vor Augen. In einer Zusammenschau erscheinen Träger und Bedingungen des Primats wie ein Spiegel des Amts. Wir gehen zunächst die Evangelien durch.

---

[20] Grundsätzlich verwiesen sei auf *Rudolf Pesch*, Simon-Petrus, und die dort vorausgesetzten Einzelstudien. Hinzugekommen sind seit 1980: *Rudolf Pesch*, Art. petra u. petros, in: Exegetisches Wörterbuch zum Neuen Testament III (1981) Sp. 191–193 u. 193–201; *Ders.*, Neutestamentliche Grundlagen des Petrusamtes, in: *Karl Lehmann* (hg. v.), Das Petrusamt, Freiburg–München–Zürich 1982, S. 11–41; *Ders.*, Das Evangelium in Jerusalem. Mk 14, 12–26 als ältestes Überlieferungsgut der Urgemeinde, in: *Peter Stuhlmacher* (hg. v.), Das Evangelium und die Evangelien (Wissenschaftliche Untersuchungen zum Neuen Testament 28), Tübingen 1983, S. 113–155; *Ders.*, Der Römerbrief (Die Neue Echterbibel, Neues Testament), Würzburg 1983, ³1994; *Ders.*, Paulus ringt um die Lebensform der Kirche. Vier Briefe an die „Gemeinde Gottes" in Korinth (Herderbücherei 1291), Freiburg i. Br. 1986; *Ders.*, Die Apostelgeschichte (Apg 1–12); Die Apostelgeschichte (Apg 13–28); it.: Atti degli apostoli, Assisi 1992; *Ders.*, Art. Fels, in: Lexikon für Theologie und Kirche ³III (1995), Sp. 1223f.

1. Matthäusevangelium

Matthäus[21], der erste Evangelist, hat in die Gestalt des Petrus die apostolische Normierung der Kirche eingezeichnet. Petrus ist der erstberufene Jünger, „Simon, genannt Petrus" (4, 18), mit dem auch die Sammlung der Zwölf beginnt; er ist ausdrücklich der „Erste" der zwölf Apostel (10, 2), die Jesus aussendet und denen er seine Vollmacht anvertraut. Er verantwortet das Bekenntnis zum Messias Jesus, „dem Sohn des lebendigen Gottes" (16, 16), wie es dem Johannessohn Simon als Offenbarung des Vaters in den Himmeln zuteil wurde (16, 17; vgl. 11, 27). Das Bekenntnis, das auch die übrigen Elf sprechen (vgl. 14, 33), wird an Petrus als den ausgezeichneten Empfänger, Tradenten und Garanten der Offenbarung gebunden.

Mt 16, 16–19

Die Szene Mt 16, 16–19 in der Mitte des Evangeliums, vor dem Beginn seiner zweiten Hälfte, macht „Simon Petrus" (16, 16) zum Bürgen für die ganze Geschichte Jesu. Das Verstehen dieser Geschichte ist ihm, der zunächst (und immer wieder) „die Sache der Menschen vertritt" (16, 23), freilich erst auf dem Weg der Passion, in der Kreuzesnachfolge (16, 24ff) und aus der österlichen Vergebung der Sünden (26, 28) zugewachsen.

Petrus ist in Person – so sagt es ihm Jesus zu – das Felsenfundament, auf dem der Messias – seiner Verheißung gemäß – seine Kirche bauen wird (16, 18): nicht nur aus den „verlorenen Schafen des Hauses Israel" (10, 6; 15, 24), sondern aus „allen Völkern" (28, 19).

---

[21] Zum mt Petrusbild vgl. *Rudolf Pesch*, Simon-Petrus S. 140–144; *Wolfgang Schenk*, Das „Matthäusevangelium" als Petrusevangelium, in: Biblische Zeitschrift, Neue Folge 27 (1983) 58–80; *Rudolf Schnackenburg*, Petrus im Matthäusevangelium, in: À cause de l'Évangile. Études sur les Synoptiques et les Actes offertes au P. Jacques Dupont, O.S.B. (Lectio Divina 123), Paris 1985, S. 107–125; *Reinhard Feldmeier*, Die Darstellung des Petrus in den synoptischen Evangelien, in: *Peter Stuhlmacher* (hg. v.), Das Evangelium und die Evangelien (Wissenschaftliche Untersuchungen zum Neuen Testament 28), Tübingen 1983, S. 267–271, hier S. 268f; *Peter Dschulnigg*, Gestalt und Funktion des Petrus im Matthäusevangelium, in: Studien zum Neuen Testament und seiner Umwelt A 14, Linz 1989, S. 161–183; *Otto Knoch*, Petrus S. 27–31; *Joachim Gnilka*, Matthäusevangelium, S. 67–69; *Ulrich Luz*, Matthäus, S. 467–471; *Otto Böcher*, Petrus S. 265f.; *Peter Dschulnigg*, Petrus S. 32–67; *Lothar Wehr*, Petrus S. 251–268.

Der Fels
Die Anwendung der Felsen- und Fundamentmetapher auf Petrus setzt die Vorstellung vom eschatologischen Bauwerk des endzeitlichen Heilsvolkes Gottes voraus, in dessen Mitte Gott wohnen will.

Dass Jesus, der Messias, selbst nicht als Fundament (wie in 1 Kor 3, 11), sondern als der Baumeister erscheint, der Petrus als Felsenfundament wählt, ist erstaunlich, aber angesichts der Ankündigung des Baus des eschatologischen Tempels im Munde Jesu (Mt 26, 61) und angesichts von Parallelen mit der Symbolik des Baus der Gemeinde im zeitgenössischen Judentum Palästinas (vgl. bes. 4QpPs37 III, 16) auch nicht völlig überraschend.

„Der die Kirche tragende Grundstein ist nicht die von Petrus überlieferte Lehre, sondern der Jünger selbst. Seiner Nähe zu Jesus, seiner bewährten Jüngerschaft, die sich im Bekennen manifestiert, verdankt die Gemeinde jene Kenntnis des Willens Jesu, die den Zugang zur Gottesherrschaft aufschließt."[22]

Im matthäischen Kirchenabschnitt (Kap. 13, 53 –18, 35) spricht Jesus angesichts der Ablehnung seiner Sendung und der Scheidung in Israel mit dem Felsenfundament Petrus seiner *ekklesia*, der Kirche des Sohnes des lebendigen Gottes, Festigkeit, Dauerhaftigkeit und Einheit zu.

Bestand auf Weltzeit hin
Die Verheißung, die Petrus empfängt, dass die Hadespforten, d. h. die Todesmacht, keine Gewalt über die *ekklesia* gewinnen werden (16, 18), entspricht jüdischer Erwartung für die Heilsgemeinschaft der Endzeit (vgl. z. B. 1 QH 6, 24–26; Bezugnahme auf Jes 28,

---

[22] *Jürgen Roloff*, Kirche S. 164. – *Chrys C. Caragounis*, Peter and the Rock, Berlin – New York 1990, unternahm große Anstrengungen zu zeigen, dass der Felsen, auf den Jesus seine Kirche bauen wolle, das Messiasbekenntnis des Petrus sei: „As truly as you are Peter, on this rock (of what you just said, viz. that I am the Christ) I will build my Church!" (119). Doch geht das aus seinen erhellenden Untersuchungen zur Konstitution von Wortspielen (im Hebräischen, Aramäischen und Griechischen) keineswegs zwingend hervor. Auffallend ist, dass Caragounis Literatur sehr selektiv benutzt. Besonders auffällig ist, dass er nicht zitiert: *Henryk Muszynski*, Fundament, Bild und Metapher in den Handschriften aus Qumran (Analecta Biblica 61), Rom 1975, wo S. 232 „Fundament" als Personalbegriff aufgewiesen wird: „Der Matthäustext lässt keinen Zweifel darüber, dass aus der theologischen Sicht des Evangelisten Petrus als der die geoffenbarte Wahrheit Erkennende und diese Bekennende zum Felsenfundament der Kirche erhoben wird. Aus diesem Grund trifft die doppelte Bildsymbolik des Qumrantextes 1 QH 6, 26, nämlich die des Felsens und die des Fundaments auch für Mt 16, 18 zu." – Vgl. jetzt auch *Lothar Wehr*, Petrus S. 265: „Petrus selbst ist der Fels, nicht sein Bekenntnis, wie im Anschluss an eine verbreitete protestantische Auslegungstradition immer wieder behauptet wird. Auf Petrus baut die Weltkirche auf."

14ff.). Ihr Grundstein ist auch die Todesmächte zurückdrängender Verschlussstein. Die Sammlung zum Neuen Tempel hat auf Weltzeit hin Bestand – durch den Beistand ihres auferstandenen Herrn (vgl. Mt 28, 20).

Abraham-Traditionen
Die Übertragung der Fels-Metaphorik auf ihn, der den Beinamen Kefas erhalten hatte (was in 16, 18 vorausgesetzt bzw. bestätigt wird; vgl. Mk 3, 16; Joh 1, 42), lag nahe – auch in Analogie zu Abraham-Traditionen[23], an die schon Johannes der Täufer erinnert hatte, als er drohte, Gott könne aus diesen Steinen da in der Wüste dem Abraham neue Kinder erwecken (Mt 3, 9). In jüdischer Überlieferung gilt Abraham seit Jes 51,1f als Fels, die Erzväter (Abraham, Isaak, Jakob) gelten als „Säulen"[24], auch Abraham und Jakob allein können so vorgestellt werden, ferner die zwölf Patriarchen zusammen. Wir wissen nicht, ob schon die Zwölf als „Säulen" des eschatologischen Tempelbaus des eschatologischen „Israel Gottes" (Gal 6, 16) bezeichnet wurden oder ob diese Bezeichnung nur den drei in Gal 2, 9 Genannten zukam – in eschatologischer Entsprechung zu den drei Erzvätern. Doch dürfte gewiss sein, dass bei solcher Entsprechung Jakobus dem Jakob und Simon Petrus dem Abraham korrespondierte.

---

[23] Ausführlich vorgestellt von *Max-Alain Chevallier*, „TU ES PIERRE, TU ES LE NOUVEL ABRAHAM" (Mt 16/18), in: Études Théologiques et Religieuses 57 (1982) 375–387. Im Licht des Midrash zu Jes 51,1f (Abraham, der Fels) legt Chevallier Mt 16, 18 aus: „Simon peut être vu comme le nouvel Abraham de trois manières: il est, à l'ère messianique, le premier à avoir reçu la révélation de l'identité divine, en rupture avec son conditionnement naturel (Mt 16/17); corrélativement, il reçoit la promesse d'être le réalisateur; un nom nouveau (ou pour le moins réinterprété) est le sceau de cette promesse (cf. Gn 17/4–6)" (383). Chevallier macht auch wahrscheinlich, dass im entstehenden Christentum die Abraham/Petrus-Parallele ihren Platz hat und stellt im Blick auf 1 Kor 15, 5; Gal 1, 18; 2, 7–8 fest: „Tout cela désigne Céphas comme le premier témoin du Christ aux yeux de Paul. Il n'y a aucune raison, au vu de ces textes, de ne pas parler d'une ‚primauté' de Céphas dans l'histoire de la révélation (Heilsgeschichte) au début de l'ère messianique" (385). – *Klaus Berger*, Theologiegeschichte, S. 603 weist mit Recht darauf hin, dass schon „die Umbenennung des Simon in Petrus ... durch Jesus ein Element aus Erzvätererzählungen (z. B. Abraham)" ist. – *Peter Dschulnigg*, Petrus S. 41, bemerkt: „Mit Simon als Felsen setzt Jesus einen neuen Anfang in der langen Geschichte des Gottesvolkes, welche mit der Erwählung Abrahams begann, der auch als Felsen bezeichnet wurde (Jes 51, 1f)."
[24] Vgl. *R. D. Aus*, Three Pillars and Three Patriarchs: A Proposal Concerning Gal 2, 9, in: Zeitschrift für die neutestamentliche Wissenschaft 70 (1979) 252–261, der auch die Bundesstiftung Jesu beim Abendmahl mit den Zwölfen mit dem Bundesschluss vom Sinai und der Errichtung von zwölf Steinmalen (= Säulen) „für die zwölf Stämme Israels" (Ex 24, 4) in Verbindung sieht (253); *Christian Grappe*, Temple S. 88–93.

Repräsentation des Sohnes Gottes
Wie Israel auf Abraham gegründet war, der den Namen Gottes als erster in der Geschichte groß machte, so soll die Kirche Jesu als das erneuerte Israel auf Petrus gründen, nicht auf seiner menschlichen Qualität („Fleisch und Blut"), sondern auf ihm als dem ausgezeichneten Offenbarungsempfänger, der von Jesus als erster Jünger und als erster der Zwölf berufen wurde, den „der Vater" sich durch Jesus, „den Sohn", erwählt hat.
Im zeitgenössischen Judentum ist in alttestamentlicher Tradition (vgl. z. B. Dtn 32, 4: „Er heißt: der Fels") – ausweislich mehrerer hymnischer Texte aus 4 Q – ‚der Fels' Gottesprädikat. „Als ‚der Fels' hat Petrus daher Gott repräsentierende Funktion."[25] Er repräsentiert – wie es wenig später auch Ignatius von Antiochien vom Bischof sagt[26] – Gott, freilich gerade dadurch, dass er den Messias Jesus, den Sohn, vertritt.

Schlüsselgewalt
Die Verleihung der Schlüssel der Himmelsherrschaft (16, 19) bedeutet die Übertragung von Vollmacht. Petrus soll anhand der ihm anvertrauten Lehre, der durch Jesus ausgelegten Tora, der von ihm geforderten „größeren Gerechtigkeit" (vgl. 5, 17–20), „binden und lösen", d. h. in Vollmacht lehren und anweisen, überliefern und auslegen, um in der Ekklesia den Zugang zur Basileia zu erschließen. „Als Hüter dieses kostbaren Gutes aber hat er auch darüber zu wachen, dass Lehre und Weisung Jesu unverfälscht erhalten bleiben."[27]
Gerade anhand der Person des Petrus schärft Matthäus die Bindung der Kirche an die Lehre Jesu ein. „Petrus ist der Interpret der Worte und Absichten Jesu. Darum empfängt vorzüglich er als Haupt und Sprecher des Jüngerkreises die interne Erklärung der dem Volk verschlossenen Worte Jesu (15, 15) bzw. besondere Belehrungen für die Gemeinde (17, 24–27; 18, 21)."[28]

---

[25] *Klaus Berger*, Theologiegeschichte S. 137.
[26] Vgl. dazu *Joseph A. Fischer*, Die Apostolischen Väter. Eingeleitet, herausgegeben, übertragen und erläutert, Darmstadt 1959, S. 127.
[27] *Joachim Gnilka*, „Tu es Petrus". Die Petrus-Verheißung in Mt 16, 17–19, in: Münchener Theologische Zeitschrift 38 (1987) 1–17, S. 15. – Nach *Peter Dschulnigg*, Petrus S. 42, ist in Mt 16, 19 „die Vollmacht angesprochen, durch Lehrentscheide die Praxis des Gottesvolkes verbindlich zu normieren und im Grenzfall Glieder, welche entscheidenden Verpflichtungen nicht entsprechen, aus der Ekklesia auszuschließen."
[28] *Rudolf Schnackenburg*, Petrus (s. Anm. 21), S. 125. – Vgl. *Otto Böcher*, Petrus S. 265: Petrus werde in 15, 15; 18, 21f „als eine Art Autorität für halachische Fragen eingeführt".

Überragende apostolische Autorität
Petrus ist bei Matthäus der exemplarische Jünger, dessen Bild ohne Beschönigungen als Spiegel christlicher Existenz dienen kann. Zugleich ist er die überragende apostolische Autorität. Der Evangelist hat vor allem „wichtiges petrinisches Sondergut in den Aufriss seines Evangeliums eingefügt, nämlich das Gehen des Petrus auf dem Wasser und seinen Zweifel am Wort Jesu (14, 28–31), das Bekenntnis Jesu zu Petrus (16, 16b–19) und die Frage der Tempelsteuer (17, 24–27). Gerade an diesen Stücken, die alle in den sog. Kirchenabschnitt des Evangeliums eingeordnet sind (13, 53–18, 35), zeigt sich, dass Petrus für das Verständnis ‚der Kirche' (nur bei Mt 16, 18 und 18, 18 in den Evangelien) eine zentrale Rolle spielt."[29]

Dieses Sondergut ermöglicht es Matthäus, Petrus als „Felsen" für die Kirche vorzustellen: Durch das Wunder des Seewandelns, das Jesus an Petrus wirkt, kommen die übrigen Jünger zum Glauben an den Sohn Gottes, den Petrus später für sie alle bekennt. Nicht zufällig „ist die Vollmachtsübertragung und Beistandszusage an Petrus und die Kirche umschlossen von dem Hinweis auf die Heilungsmacht Jesu (15, 29–31), vom Nachfolgeruf an die Jünger (16, 24–28), von der Mitwirkung der Jünger an der wunderbaren Speisung des Volkes Gottes durch Jesus (14, 13–21; 15, 32–39) und von der Warnung vor den Pharisäern und Sadduzäern, den Vertretern des Unglaubens (16, 5–12) sowie vom Hinweis auf die Macht des Glaubens (14, 13–21; 14, 22–33; 15, 21–28; 15, 29–31; 15, 32–39; 17, 14–21)."[30]

Simon Petrus hat einen ‚Primat'
So geht schließlich aus der Komposition des Matthäusevangeliums insgesamt und besonders von Mt 16–18 hervor: Simon Petrus hat einen ‚Primat' des vollmächtigen Lehrens und An-Weisens. Dieser Primat ist zwar eingebunden in die Bevollmächtigung der übrigen elf Apostel (vgl. Mt 10, 1; 18, 18), aber Petrus ist unter ihnen der erste und eigens bevollmächtigt (Mt 16, 18f). Die übrigen sind und handeln mit ihm zusammen, aber nicht ohne ihn.

Deutlich ist: Im ersten Evangelium (das die Alte Kirche aus der Anfangszeit der Kirche herkommen sah, das aber doch eher in spätapostolischer Zeit zu Hause ist) wurde Petrus als Typos vergegenwärtigt: als Jünger, als Apostel, als ihr Erster, als Kefas.

---
[29] *Otto Knoch*, Petrus S. 27f.
[30] *Ebd.* S. 29.

Exkurs I:
Zur jüngeren Diskussion um Herkunft und Alter von Mt 16, 16–19:

Rudolf Schnackenburg, Das Vollmachtswort vom Binden und Lösen, traditionsgeschichtlich gesehen, in: *Paul-Gerhard Müller – Werner Stenger* (hg. v.), Kontinuität und Einheit. Für Franz Mußner, Freiburg i. Br. 1981, S. 141–157, sieht in Mt 16, 18f „heterogene Sprüche" zusammengefügt und dadurch die Ansicht derer bekräftigt, „die zwar eine frühe, judenchristlich-palästinische Entstehung, aber doch nicht früheste Tradition annehmen, vielmehr einen Spielraum zu ihrer Ausprägung nach Ostern offenhalten" (151). Vgl. auch: *Ders.*, Matthäusevangelium 1, 1 – 16, 20 (Die Neue Echterbibel NT), Würzburg 1985, S. 153: „Ob und wie die drei in 16,18–19 zusammengestellten Worte in der von Mt übernommenen (judenchristlichen) Tradition miteinander verbunden waren, ist in der Forschung umstritten. Als Worte des irdischen Jesus werden sie nur noch selten anerkannt."

George W. E. Nickelsburg, Enoch, Levi, and Peter: Recipients of Revelation in Upper Galilee, in: Journal of Biblical Literature 100 (1981) 575–600 trägt Vergleichsmaterial zur Bestimmung der Gattung von Mt 16, 16ff bei und ortet die vormatthäische Erzählung als „an initial or early christophany in the environs of Mount Hermon – a traditional site of revelation. Similarities between Matt 16:13–19 and perhaps the transfiguration story, on the one hand, and the Enoch-Levi tradition on the other, suggest a historical connection between some members of the primitive Christian community and those apocalyptic Jewish circles in which the Enoch-Levi tradition circulated. It is perhaps there that some of the early church's theology about a new temple was engendered and the Peter/Rock imagery and association was spawned" (599).

Wolfgang Schenk (s. Anm. 21), S. 73f erklärt Mt 16, 17–19 als mt Redaktion.

Bernard P. Robinson, Peter and His Successors: Tradition and Redaction in Matthew 16:17–19, in: Journal for the Study of the New Testament 21 (1984) 85–104 gelangt zu folgenden historischen Feststellungen: „that Jesus nicknamed Simon Kepha, probably in the sense ‚stone' rather then ‚rock', early in his ministry and without any ecclesiological overtones; that Jesus, probably at the time of the cleansing of the temple, spoke of building a new temple, by which he meant that his disciples would constitute the messianic community; and that at the end of his earthly life, or after the Resurrection, Jesus authorized his disciples to act as agents for himself. Before Matthew came to write his gospel, the Christian community had come to think of the apostles as the pillars of the new temple and of Peter as both a type of the Christian disciple and of Peter, because of his nickname, as also the rock-foundation of the building" (99).

Josef Blank, Petrus – Rom – Papsttum. Eine folgenreiche Geschichte, in: *Vasilios von Aristi* u. a., Das Papstamt. Dienst oder Hindernis für die Ökumene, Regensburg 1985, S. 9–41, urteilt: „Die Petrusverheißung Mt 16,

17–19 bildet einen nachträglichen Einschub. Dieser Einschub gehört zum matthäischen Sondergut und ist in seiner vorliegenden Form kein Wort des ‚irdischen Jesus', sondern eine Bildung des Evangelisten – das ist meine Auffassung – für die stark judenchristlich geprägte Gemeinde des Matthäus" (19).

Pierre Grelot, L'origine de Matthieu 16, 16–19, in: À Cause de l'Évangile. Études sur les Synoptiques et les Actes offertes au P. Jacques Dupont, O.S.B. (Lectio Divina 123), Paris 1985, S. 91–105, legt eine aramäische Rückübersetzung vor und situiert den Text bei einer Ostererscheinung Jesu vor Petrus. Die Schaffung des Zwölferkreises war Vorbereitung dazu: „C'est là une réalité sociale qui a pris corps et forme au sein du peuple juif" (102).

Richard H. Hiers, „Binding" and „Loosing": The Matthean Authorizations, in: Journal of Biblical Literature 104 (1985) 233–250 führt Mt 16, 19 nicht auf Jesus, sondern auf Matthäus zurück, der „expanded the scope of Jesus' sayings authorizing his followers to exorcise demons to include plenary authorization for the church leaders to resolve whatever problems or issues might arise" (250).

Ferdinand Hahn, Die Petrusverheißung Mt 16, 18f. Eine exegetische Skizze, in: Exegetische Beiträge zum ökumenischen Gespräch. Gesammelte Aufsätze I, Göttingen 1986, S. 185–200 anerkennt, dass der Textabschnitt Mt 16, 18f „in seiner Urform aus dem Bereich der aramäisch sprechenden Urgemeinde stammen muss" (188), und auch, dass die sachlichen Motive „mit Jesu Verkündigung in Übereinstimmung stehen" (191).

Jan Lambrecht, „Du bist Petrus" – Mt 16, 16–19 und das Papsttum, in: Studien zum Neuen Testament und seiner Umwelt, Serie A, Band 11 (1986) 5–32, der relativ ausführlich jüngere Untersuchungen referiert, hält Mt 16, 17–19 für einen „späten Text": „Die Gründe, die die Exegese dagegen anführt, dass Mt 16, 17–19 auf Jesus selbst zurückgeht, scheinen uns am überzeugendsten" (25). „Wie wir annehmen möchten, hat nicht der irdische oder auferstandene Jesus, auch nicht der eine oder andere Christ der Urgemeinde, sondern Mt selbst diesen Petrustext unter Benutzung zum Teil noch getrennt existierender Überlieferungen komponiert" (26).

Colin Brown, The Gates of Hell and the Church, in: *James E. Bradley – Richard A. Muller*, Church, Word and Spirit. Historical and Theological Essays in Honor of Geoffrey W. Bromiley, Grand Rapids, Mich. 1987, S. 15–43 verteidigt die Authentizität von Mt 18, 18 und bemerkt: „It is not without significance that a number of scholars who reject the authenticity of the saying likewise reject Jesus' messianic consciousness. On the other hand, the pronouncement is consonant with messianic self-consciousness. Indeed, it can only make real sense on the lips of one who had received acknowledgment of his messiahship at a time when his own life was increasingly threatened" (35).

Dennis C. Duling, Binding and Loosing: Matthew 16:19; Matthew 18:18; John 20:23, in: Forum, a journal of the foundations and facets of Western culture 3 (1987) 3–31 urteilt zu Mt 16, 19: „According to source, language, and Jewish environment criteria, it is possible that Jesus spoke such a saying. There are varying conclusions possible on modification, tendencies in the tradition, and plausible Traditionsgeschichte criteria. The hermeneutical potential criterion makes it unlikely as a Jesus saying. The criteria of dissimilarity, coherence, early church environment, and multiple forms point to the high probability that this is not a Jesus saying" (24).

Joachim Gnilka, Matthäusevangelium, S. 69, urteilt (im Anschluss an Rudolf Pesch): „Für die historische Rekonstruktion, die in das Leben des irdischen Jesus zurückreicht, ist besonders die Frage nach der Übertragung des Petrusnamens wichtig. Dass Mt 16, 17ff erst in der nachösterlichen Situation möglich ist, schließt keinesfalls die Namensgebung durch den irdischen Jesus aus. Im Gegenteil, wir konnten feststellen, dass V. 18a die Neuinterpretation des älteren Petrusnamens darstellt." *Ders.*, „Tu es Petrus". Die Petrus-Verheißung in Mt 16, 17–19, in: Münchener Theologische Zeitschrift 38 (1987) 3–17, überlegt, ob V. 19a, das Schlüsselwort, „sich nicht der Redaktion des Evangelisten verdankt" (10).

Ulrich Luz, Matthäus, S. 454 – 459 schätzt Mt 16, 17 als redaktionell ein, Vv. 18–19 als am ehesten aus einer Zeit stammend, „als der Rückblick auf die für die Kirche grundlegende Zeit wichtig wurde" (458). Vgl. oben unter II.2.

Gérard Claudel, Confession, rekonstruiert ein Erwählungslogion (Mt 18, 18 mit *episynagogā* statt *ekklesia*), das in der vormk, auch Mt zugänglichen Ersterzählung (ohne Mt 16, 17.19) der Kern gewesen sein soll, kein Wort Jesu, sondern eine (gegenüber Vv. 17.19 ältere) Gemeindebildung.

Ludger Schenke, Die Urgemeinde. Geschichtliche und theologische Entwicklung, Stuttgart-Berlin-Köln 1990, S. 74 urteilt zu Mt 16,18f: „Das Wort ist sehr alt. Aber es liegt hier kein Wort des irdischen Jesus vor. Hier spricht der Auferstandene durch den Mund eines urchristlichen Propheten. Semitischer Ursprung des Wortes ist sicher."

F. Refoulé, O.P., in: Revue Biblique 99 (1992) 261–291 hat in seiner ausführlichen Rezension der Monographie Claudels diese Gemeindebildung ebenso sekundär erklärt, aber als Wortspiel auf der Basis von *petros* statt *kepha*.

André Feuillet, La primauté de Pierre, Paris 1992, hat Claudels Monographie zum Anlass genommen, in einem Taschenbüchlein die Authentizität von Mt 16, 16–19 zu verteidigen; er bedient sich eines Arguments, das schon (noch) P. Lagrange benutzte: „Si, dans l'Évangile de Marc, il n'est soufflé mot de cette déclaration de Jésus à Césarée de Philippe, on peut penser que la raison de ce silence n'est autre que l'humilité du chef des Apôtres, désireux de ne pas parler de ce qui en faisait privilégié" (22).

Jürgen Roloff, Kirche, S.162 urteilt: „Mt 16, 17–19 war ursprünglich weder Teil der Cäsarea-Philippi-Perikope, noch gehört er der alten Jesusüberlieferung an. Sprachliche Indizien verweisen auf eine Herkunft aus dem frühen hellenistischen Judenchristentum." Vgl. oben unter II.1.

Christian Grappe, Temple, bekräftigt das Alter und den palästinischen Ursprung von Mt 16, 17–19, führt das Logion aber nicht auf Jesus zurück.

Otto Böcher, Petrus S. 270 urteilt, Mt 16, 18f stamme „schwerlich in dieser Form vom historischen Jesus."

Peter Dschulnigg, Petrus S. 65–67 urteilt, Mt 16, 16–19 könne in der Tradition Mt 14, 22–33 (als Ostererzählung) fortgesetzt haben. „Eine Rückführung von V. 18f auf den irdischen Jesus ist beim gegenwärtigen Erkenntnisstand kaum möglich" (66). Die Entstehung der Worte sei in den Jahren 45–65 n. Chr. anzusetzen.

Lothar Wehr, Petrus S. 258ff hält V. 17 für einen vom Evangelisten gebildeten Vers, V. 18 als eine Auslegung des Petrus von Jesus verliehenen Namens „in einer griechischsprachigen Gemeinde" (259), V. 19a für eine red. Bildung, V. 19b für ein gegenüber Mt 18, 18 primäres Überlieferungsfragment aus der Mt-Gemeinde.

2. Markusevangelium

Das zweite, kurze Evangelium[31] enthält nur zum Teil das Bild, das Matthäus vom ‚Primat' des Petrus gezeichnet hat. Doch dank seiner Herkunft vom Hermeneuten Petri – die jüngere Forschung hat die Zuverlässigkeit dieser Überlieferung wieder wahrscheinlich gemacht[32] – oder seiner Zuschreibung an Petrus steht dieses römi-

---

[31] Vgl. zum mk Petrusbild *Rudolf Pesch*, Simon-Petrus S. 138–140; *Josef Ernst*, Die Petrustradition im Markusevangelium – ein altes Problem neu angegangen, in: Begegnung mit dem Wort. Festschrift für Heinrich Zimmermann (Bonner Biblische Beiträge 53), Bonn 1980, S. 35–65; *Reinhard Feldmeier* (s. Anm. 21), S. 267f; *Martin Hengel*, Probleme des Markusevangeliums, in: *Peter Stuhlmacher* (s. Anm. 21), S. 221–266, bes. 252-257 (Markus und Petrus); *Gérard Claudel*, Confession, S. 390–409; *Otto Knoch*, Petrus S. 23 – 26; *Otto Böcher*, Petrus S. 264f; *Peter Dschulnigg*, Petrus S. 8–312.
[32] Vgl. im Nachtrag zur 4. Auflage bei *Rudolf Pesch*, Das Markusevangelium. 1. Teil. Einleitung und Kommentar zu Kap. 1, 1 – 8, 26 (Herders Theologischer Kommentar zum Neuen Testament II/1), Freiburg i. Br. ⁵1989, S. 473f. – Besonders: *Martin Hengel* (s. Anm. 31) S. 221–266; auch: *E. Earle Ellis*, Entstehungszeit und Herkunft des Markus-Evangeliums, in: *Bernhard Mayer* (hg. v.), Christen, S. 195–212; *William R. Schoedel*, Papias, in: *Wolfgang Haase – Hildegard Temporini*, Aufstieg und Niedergang der Römischen Welt, Teil II: Principat, Band 27/1, Berlin-New York 1993, S. 235–270, bes. S. 262–267.
Zur Annahme einer vormarkinischen, noch in den dreißiger Jahren – Petrus war noch in Jerusalem – entstandenen Passionsgeschichte vgl. *Rudolf Pesch*, Das Markusevan-

sche Evangelium unter besonderer petrinischer Autorität. So hat es jedenfalls die frühe Kirche, die den Vier-Evangelien-Kanon formte, gesehen.

Der Erstberufene
Markus erwähnt ausdrücklich, dass Simon bei der Schaffung der Zwölf den Beinamen Petrus von Jesus erhielt; er nennt ihn an der Spitze der Zwölferliste (3, 13–19). Außerdem stellt er ihn vor als Erstberufenen, der „Menschenfischer werden soll" (1, 16–18), als Ersten im Kreis der Vertrauten Jesu und als Sprecher der Jünger.

Auch für Markus ist Petrus mit den Zwölfen „Garant der Jesusüberlieferung als Zeuge vom Beginn des Wirkens Jesu an."[33] Stärker als bei Matthäus ist bei Markus das (vorösterliche) Unverständnis der Jünger, auch der Zwölf, betont; auch Petrus teilt es – trotz seines Messiasbekenntnisses – ganz. Er ist derjenige, der trotz seines Treueversprechens Jesus verleugnet, nachdem er schon in Getsemani nicht mit ihm zu wachen vermochte – Jesus redet gerade ihn an: „Simon, du schläfst?" (14, 37). Erst der österliche Vorausgang des Hirten Jesus vor seiner kleinen Herde der Zwölf, die in der Passion zerstreut wurde, wird neues Sehen und Verstehen ermöglichen, auch für Petrus und für ihn als ersten (vgl. 14, 27–31; 16, 7). Mit der Dramatik von Versprechen, Versagen, Reue und neuer Berufung hat Markus mit seiner ältesten Tradition Petrus unstilisiert lebendig vergegenwärtigt.

Eine geschichtlich hervorragende Stellung
Das Bild des zweiten Evangelisten vom Primat des Petrus ist noch wenig systematisiert oder typologisch konturiert. Es scheint aus älteren Traditionen erarbeitet und nur in der Linie vorgegebener Tradition verdeutlicht. Markus war ein konservativer Redaktor und zeichnete vermutlich im Wesentlichen nur die hervorragende Stellung nach, die Petrus trotz seiner nicht verschwiegenen Schwächen im Jünger- und Zwölferkreis tatsächlich innehatte.

---

gelium. Zweiter Teil. Kommentar zu Kap. 8, 27 – 16, 20 (Herders Theologischer Kommentar zum Neuen Testament II/2), Freiburg i. Br. [4]1991, S. 1–27; *Ders.*, Das Evangelium der Urgemeinde (Herderbücherei 748), Freiburg i. Br. [3]1984. – Meine These ist wenigstens aufgenommen worden bei *Roland Minnerath*, La position de l'église de Rome aux trois premiers siècles, in: *Michele Maccarone* (a cura di), Il primato del vescovo di Roma nel primo millennio. Ricerche e testimonianze. Atti del Symposium storico-teologico Roma, 9–13 Ottobre 1989 (Atti e documenti 4), Città del Vaticano 1991, S. 139–171, hier S. 141, und bei *Hans-Joachim Schulz*, Die apostolische Herkunft der Evangelien (Quaestiones Disputatae 145), Freiburg i. Br. 1993, [2]1994.
[33] *Rudolf Pesch*, Simon-Petrus S. 140.

Im Vierevangelienkanon freilich und im neutestamentlichen Kanon als ganzem trägt auch das markinische Petrusbild zur Prägung des Typus bei.

3. Lukasevangelium

Im Evangelium des Lukas[34], dessen Petrusbild in Korrespondenz zu dem der Apostelgeschichte ausgearbeitet ist, wird der Eindruck vom ‚Primat' des Petrus verstärkt. Nach dem Gleichnis vom Hausherrn (12, 39f) ist Petrus der Sprecher der „kleinen Herde" (12, 32) der Jünger, der fragt, wem es gilt. Und er scheint auch der spezielle Adressat der Antwort Jesu zu sein: Der Kyrios wird ihn über seine Dienerschaft setzen, damit er, der Ökonom, – wie ein Hirt – ihr „zur rechten Zeit ihren Anteil an Nahrung" gibt (12, 42). Petrus soll jener seliggepriesene Knecht sein, „den der Herr, wenn er kommt, so tun findet" (12, 43). Er ist zum wachsamen und sorgenden Verwalter im Haus und in der Zeit der Kirche bestellt.[35]

Der erste Osterzeuge
Seit seiner Berufung an die Spitze der zwölf Apostel (6, 12–16) trägt Simon bei Lukas fast ausschließlich den Namen „Petrus", den er von Jesus erhielt: wie einen Amtsnamen.

Und schon zuvor war „Simon Petrus" allein zum Menschenfischer berufen worden (5, 10); die Apostelgeschichte zeigt ihn dann als Initiator und Leiter der Mission.

Lukas nennt ihn als ersten Osterzeugen (24, 34), und schon im Abendmahlssaal beauftragt Jesus im dritten Evangelium seinen ersten Apostel mit der Aufgabe, nach Verleugnung und Umkehr die Brüder zu stärken (22, 31f).

Im lukanischen Abendmahlsbericht erscheint Petrus nach der Szene vom Rangstreit der Apostel und der Verheißung der Basileia für die Zwölf, die dort Jesu Tischgenossen sein und die zwölf

---

[34] Zum lk Petrusbild vgl. *Rudolf Pesch*, Simon-Petrus S. 144–147; *Reinhard Feldmeier* (s. Anm. 21) S. 269–271; *Gérard Claudel*, Confession S. 409–431; *Otto Knoch*, Petrus S. 32–37; *Otto Böcher*, Petrus S. 266f; *Peter Dschulnigg*, Petrus S. 68–87 (Lk), 88–116 (Apg); *Lothar Wehr*, Petrus S. 128–181.
[35] Zur Parallele in den Pastoralbriefen vgl. *Jürgen Roloff*, Artikel „Pastoralbriefe", in: Theologische Realenzyklopädie XXVI (1996), S. 63: Gott als Hausherr, der örtliche Gemeindeleiter als Ökonom. – Zur Diskussion des Zusammenhangs mit der Entstehung des Monepiskopats vgl. *Georg Schöllgen*, Hausgemeinden, oikos-Ekklesiologie und monarchischer Episkopat. Überlegungen zu einer neuen Forschungsrichtung, in: Jahrbuch für Antike und Christentum 31 (1988) 74–90.

Stämme Israels richten sollen (Lk 22, 24–30), deutlich als erster der Zwölf.

Das lukanische Primatswort
Das ‚Primatswort' Lk 22, 31f ergänzt das matthäische Verheißungswort, das Petrus als Garanten und Interpreten der vollmächtigen Lehre Jesu und als Träger der Binde- und Lösegewalt sah, um einen bedeutsamen Aspekt: Jesus hat für Petrus gebetet, dass sein Glaube nicht aufhört, und entsprechend ist es sein ‚Amt', die Brüder im Glauben zu stärken: in der Treue zum Evangelium und im Festhalten am Bekenntnis. Er trägt Verantwortung an Stelle Jesu für alle Apostel – und über sie hinaus für die um die Apostel sich sammelnde Kirche. „Das sich hier abzeichnende ‚Petrusamt' ist für die Gemeinde im Hinblick auf seine Funktion von herausragender Bedeutung. Die apostolischen Schriften zeigen deutlich, wie lebendig dieser Auftrag im kirchlichen Bewusstsein erhalten geblieben ist (1 Thess 5, 12; 2 Tim 2, 15; 4, 2–5; Hebr 13, 17; 1 Petr 5, 1–4)."[36]

Beauftragung mit der Leitung der Kirche
Im Zusammenhang des lukanischen Gesamtwerks – besonders von Apg 1–12 und 15 – erweist sich Lk 22, 31f als die Beauftragung des Petrus mit der Leitung der Kirche[37] und gesellt sich insbesondere zu Joh 21, 15–17. Eine konsequente synchrone Exegese des Gesamttextes des Neuen Testamentes wird auf die Frage, wie die Kirche, die den Kanon als Endtext konstituierte, das Wort vom „Stärken der Brüder"[38] las und gelesen wissen wollte, antworten können: doch wohl als Aufgabe der Nachfolger der Apostel, die das zum apostolischen Amt gehörende Stärken und Befestigen der Gemeinde wahrnehmen.

Wo Petrus im Kanon durch seine beiden Briefe zu Wort kommt, schreibt er einmal die Stärkung der Gemeinden Gott zu, der die Glaubenden, die für kurze Zeit leiden müssen, „wiederaufrichten,

---

[36] *Josef Ernst*, Das Evangelium nach Lukas übersetzt und erklärt (Regensburger Neues Testament), Regensburg 1977, S. 600. – *Jakob Kremer*, Lukasevangelium (Die Neue Echterbibel, Neues Testament), Würzburg 1988, S. 216 bemerkt: „Jesu Zusage an Simon begründet nach Lk die Sonderstellung des Petrus in der Urgemeinde." *Roland Minnerath*, Pierre S. 20: „La structure pétrienne du groupe des Douze apparaît dès sa première manifestation. Lc 22, 31–32 montre le rôle constituant exercé par Pierre au sein du groupe."
[37] Vgl. *Rudolf Pesch*, Simon-Petrus S. 48: „Damit ist die (nach-)österliche Aufgabe des Petrus angegeben, die Christen im Glauben zu befestigen."
[38] Vgl. dazu *Gerhard Schneider*, in: Exegetisches Wörterbuch zum Neuen Testament III (1983) Sp. 660. – *Otto Böcher*, Petrus S. 266, sieht in Lk 22,33 diff Mk 14, 29 „eine Anspielung auf das Martyrium des Petrus".

stärken, kräftigen und auf festen Grund stellen wird" (1 Petr 5, 10), ein andermal der Wahrheit, an die der Apostel erinnert (2 Petr 1, 12).

Da das Werk des Paulusschülers Lukas auch an dessen Vermächtnis partizipiert, bahnt es besonders den Weg zur Verbindung des Petrusbildes mit der Amtstheologie des Paulus der Pastoralbriefe.

4. Johannesevangelium

Im Johannesevangelium[39], wo der „Lieblingsjünger" in größerer Nähe zu Jesus erscheint, wird Petrus häufiger genannt als bei den Synoptikern. Wie Matthäus verfügt auch Johannes über wichtiges petrinisches Sondergut: Berufung und Verleihung des Kefasnamens (1, 40–42); Bekenntnis zu Jesus nach einer Krise im Jüngerkreis (6, 67–69); die Fußwaschungsszene (13, 1–38); den Schwertstreich bei der Verhaftung Jesu (18, 10f) und den Wettlauf mit dem Lieblingsjünger zum Grab (20, 1–10).

Der „Edelstein" unter den Zwölfen
Durch Johannes erfahren wir, dass Simon zunächst den (aramäischen) Namen (gräzisiert): Kefas erhielt, der übersetzt „Petrus" heißt (1, 42). Die Namensgebung ist mit der Berufung verbunden, und der neue Name hat ekklesiologische Bedeutung: Petrus ist der „Edelstein" unter den Zwölfen und wird zum Fundament der auf sie gegründeten Glaubensgemeinschaft.

Die Szene von der Bestellung Petri zum Hirten der Herde[40] Jesu (21, 15–17), der dritte der ‚klassischen' Primatstexte, folgt der Er-

---

[39] Zum joh Petrusbild vgl. *Rudolf Pesch*, Simon-Petrus S. 148–149; *Otto Knoch*, Petrus S. 37–43; *A. H. Maynard*, The Role of Peter in the Fourth Gospel, in: New Testament Studies 30 (1984) 531–548; *Arthur J. Droge*, The Status of Peter in the Fourth Gospel: A Note on John 18:10–11, in: Journal of Biblical Literature 109 (1990) 307–311, der Petrus bei einseitiger Akzentuierung im Johannesevangelium charakterisiert sieht als „a man who has come dangerously close to being placed beyond the Johannine pale" (311); *Patrick J. Hartin*, The Role of Peter in the Fourth Gospel, in: Neotestamentica 24 (1990) 49–61; *Otto Böcher*, Petrus S. 267; *Peter Dschulnigg*, Petrus S. 117–147.

[40] Vgl. dazu *Rudolf Pesch*, Simon-Petrus S. 58f; *Roland Minnerath*, Pierre S. 39–41; *João Tavares de Lima S.D.S.*, „Tu serás chamado KÄPHAS" Estudo exegético sobre Pedro no quarto evangelho (Analecta Gregoriana 265), Rom 1994, S. 275–320. – Für die Altersbestimmung des Textes ist die Einschätzung des Johannesevangeliums von nicht geringem Belang; vgl. dazu jetzt *Martin Hengel*, Die johanneische Frage (Wissenschaftliche Untersuchungen zum Neuen Testament 67), Tübingen 1993.

zählung vom österlichen wunderbaren Fischfang, in dem der Einheitsdienst des Petrus wohl schon durch das unzerreißbare Netz angedeutet wird, das die 153 Fische umschließt – vielleicht Symbol der versprengten „Kinder Gottes", die gesammelt werden sollen (vgl. Joh 11, 52).[41]

Der johanneische Primatstext
„Das überlieferte ‚Gespräch des Auferstandenen mit Petrus' beschreibt die urkirchliche Funktion des Petrus als ein Hirtenamt, als eine Aufgabe, die Petrus von Jesus übernommen hat und an seiner Stelle ausüben soll."[42] Die Liebe zu Jesus drückt sich in der Sorge für seine Gemeinde aus. Petrus ist mit einer wohl alten Tradition als „Oberhaupt" der Jüngergemeinde Jesu vorgestellt. Die Überlieferung ist in Anlehnung an Sippenrituale formuliert und schließt den Sukzessionsgedanken ein: Der älteste Sohn folgt dem Vater als Sippenoberhaupt nach.

Die dreifache Frage des auferstandenen Herrn, ob Petrus ihn mehr liebe – mehr als die anderen Jünger –, zielt auf das eindeutige Zeugnis, zuletzt auf sein Martyrium (Joh 21, 18f). Denn die Agape vollendet sich in der Lebenshingabe für die Brüder (Joh 10, 11; 13, 1; 15, 13).

Im Kontext des Johannesevangeliums wird bereits auf den „Gemeindeleiter" Petrus zurückgeblickt, dem der „Oberhirt" Jesus (1 Petr 5, 4) seine Schafe anvertraut hat. Sein Hirtenamt bekommt durch die Hirtenrede Jesu in Joh 10 (und die dahinterstehende messianische Hirtenverheißung aus Ez 34) sein Profil: Wie Jesus selbst als der Gesandte des Vaters der „gute Hirte" des Gottesvolks ist, das er neu sammelt, soll nun der Menschenfischer Simon Petrus an seiner Stelle zum Hirten werden.[43]

---

[41] So die Deutung von *J. A. Romeo*, Gematria and John 21, 11: The Children of God, in: Journal of Biblical Literature 97 (1978) 263–264. *Peter Dschulnigg*, Petrus S. 133f bemerkt, „dass Petrus an der Spitze der Sieben" vorgestellt ist, welche im Bild des Fischfangs die „nachösterliche Mission" der Kirche betreiben – „unter Leitung des Petrus ... Dieser hat auch eine Funktion im Blick auf die Sicherung der Einheit aller Glaubenden, die bei der großen Zahl und Vielfalt nicht selbstverständlich ist ... In dieser Erzählung dürfte die kirchliche Leitungsfunktion des Petrus schon deutlich hervortreten."

[42] Vgl. dazu *Rudolf Pesch*, Simon-Petrus S. 58. Vgl. *Roland Minnerath*, Pierre S. 41: «La triple question de l'allégeance est signe d'un acte d'investiture. Pierre est associé à Jésus, pasteur de la communauté eschatologique.» – *Peter Dschulnigg*, Petrus S. 135, erkennt im Gespräch „auch den Charakter einer Rehabilitation des Petrus."

[43] *Roland Minnerath*, Pierre S. 41 führt aus: „Or, le Ressuscité donne à Pierre la mission de ‚paître', d',être le pasteur' de ses brebis à lui. Deux verbes sont employés: *bosko* et *poimaino*. Le premier a le sens d'alimenter, de conduire au pâturage. Le second est employé au sens figuré, dans les Septante, pour exprimer l'idée de guider le trou-

Die Weitergabe des Primats
Da in Joh 21 der Tod des Petrus schon vorausetzt wird (Joh 21, 18f) und nun, am Ende des Vierevangelienkanons, von der Einsetzung des Petrus ins Hirtenamt anstelle Jesu erzählt wird, drängt sich spätestens jetzt die Frage nach der Weitergabe des Primats geradezu auf: Wer weidet nach dem Tod des Petrus die Schafe des Herrn, die ihm anvertraut wurden, d. h. die ganze Kirche?

Das universale Hirtenamt des Petrus, das angedeutet ist, „dient dabei, richtig verstanden, wie der Zusammenhang mit der Hirtenrede und dem unzerreißbaren Netz des Petrus nahelegt, der Einheit der Herde Jesu (vgl. noch Joh 17, 20–23)."[44]

Petrus erhielt ein Amt – in Stellvertretung Jesu. Und die Frage nach der Sukzession in diesem Amt ist somit in den Blick gerückt. Im übrigen Kanon wird diese Sichtweise nachdrücklich verstärkt.

Das Zeugnis des Gesamtevangeliums
Eine Endtextexegese des Johannes-Evangeliums sieht den Vikariatstext Joh 21, 15–17 in vielfältige Bezüge dieses reifen Evangeliums eingebunden. Simon Petrus ist im vierten Evangelium zwar nicht der erstberufene Jünger Jesu – ihm gehen der Lieblingsjünger (ungenannt) und Simons Bruder Andreas (dieser mit einem Messias-Bekenntnis) voran. Doch der „Sohn des Johannes" wird von Jesus mit dem ekklesiologischen Verheißungsnamen „Kefas-Fels" ausgezeichnet und damit in eine Stellvertretung eingewiesen, die vergleichbar in der Heilsgeschichte nur Abraham zukam.

In der Krise der Jüngerschaft nach der Brotrede Jesu, ist Petrus der Sprecher der hier erstmals (als von Jesus „erwählt") auftretenden „Zwölf": „Herr, zu wem sollen wir gehen? Du hast Worte des ewigen Lebens. Wir sind zum Glauben gekommen und haben erkannt: Du bist der Heilige Gottes" (Joh 6, 68f). Zu Petri Vikariat gehört das Glaubensbekenntnis – und durch den Kontext: das Gegengewicht gegen den Verrat.

---

peau, le protéger, le gouverner. Pierre reçoit la charge de ‚paître', de guider et gouverner les brebis du berçail du Christ. Les trois mots employés *arnia, probata, probatia* (agneaux, brebis, petites brebis) visent à indiquer la totalité du troupeau dans sa diversité." – *João Tavares de Lima, S. D. S.,* (s. Anm. 40), S. 298–301 führt aus, wie Petrus als Hirt in der biblischen Hirtenreihe: Gott als Hirt Israels – Mose und Aaron, Könige und Gottesmänner als Hirten in seinem Auftrag – Jesus als Hirte (vgl. Mt 15, 24; Lk 19, 10; Mk 14, 27f; Mt 26, 31f), angesiedelt erscheint. – Vgl. auch *Gilbert L. Bartholomev,* Feed my Lambs: John 21: 15–19 as Oral Gospel, in: Semeia 39 (1987) 69–96.
[44] *Otto Knoch,* Petrus S. 40.

Nach Joh 6 sammeln sich angesichts einer ernsten Krise im Jüngerkreis um Petrus diejenigen, die Jesus vertrauend anhängen. Es ist im johanneischen Kontext nur konsequent, wenn Petrus in Joh 21 die Schafe des Hirten Jesus nach dessen Tod anvertraut werden.

In der Fußwaschungsszene (Joh 13, 1–30), die im vierten Evangelium das Abendmahl ersetzt, einer Zeichenhandlung, stiftet Jesus Gemeinschaft mit sich und so unter seinen Jüngern. Der zunächst unverständige Jünger und Zwölfermann Petrus lässt an sich exemplarisch vom Herrn die Fußwaschung vollziehen, den Reinigungsritus für den Zutritt zum Raum der Gemeinschaft mit dem Messias; und er übernimmt mit den Zwölfen (erneut mit dem Verräter – wie auch in den Zwölferlisten der synoptischen Evangelien – kontrastiert)[45] diesen Kirche bauenden Dienst, den Dienst der Gesandten des Messias als der Gesandten Gottes.

Unverständig erweist sich zunächst noch einmal der Schwertschläger Petrus im Garten jenseits des Kidron (Joh 18, 10f) – und trotz seines Muts, Jesus bis in den Hof des hohenpriesterlichen Palastes zu folgen, dann bei der dreimaligen Verleugnung seiner Jüngerschaft (Joh 18, 12–27).

Aber ebenso aufbruchbereit zeigt sich Petrus am Ostermorgen – beim Lauf zum Grab, und später bei der Erscheinung am See, wo der „Johannessohn" (beachte den Rückverweis auf die Verleihung des Kefasnamens!) alleine das Netz, das nicht zerreißt, bergend ans Land zieht und schließlich den Auftrag des Hirten an Jesu Stelle empfängt.

Wie der in Mt 16 entworfene zeigt auch der in Joh 21 gezeichnete „Typos" Petrus seine Geschichtsmächtigkeit in der Folgezeit der werdenden Kirche.

---

[45] In den Zwölferlisten sind Petrus als erster und Judas als letzter deutlich einander entgegengesetzt. Judas markiert den Missbrauch der Stellvertretung, zu der er berufen wurde; im Abschiedsgebet Jesu heißt er „Sohn des Verderbens" (Joh 17,12). „Wer die ihm übertragene Verantwortung für das eigene Volk missbraucht, weil er die Gemeinschaft durch das eigene Ich ersetzt, der verschließt die ‚Einbruchstelle' des Heils, die er selber sein soll" (*Karl-Heinz Menke*, Stellvertretung S. 49f). Die Verkehrung zeigt sich an in der Frage: „Was wollt ihr m i r geben?" (Mt 26, 15). Im Kontrast wird noch einmal deutlicher, in welche Spur Petrus mit den Zwölfen gerufen ist.

IV

Simon Petrus und die Ausübung des „Primats"

Im Kanon des Neuen Testaments werden dem ‚Primatsspiegel' der Evangelien auch Erzählungen von der Ausübung seiner Vollmachten durch Petrus hinzugefügt – und Dokumente, in denen sie greifbar wird. Auch diese Texte verbinden sich im Gedächtnis des Lesers (und der Kirche) zu einem Gesamtbild. Wir gehen die Apostelgeschichte, das Corpus Paulinum und die beiden Petrusbriefe durch.

1. Apostelgeschichte

Die Trennung von erstem und zweitem Buch des lukanischen Doppelwerks macht die Apostelgeschichte im Kanon zur Fortsetzung der in den vier Evangelien erzählten Gesamtgeschichte Jesu und seiner Jünger. Petrus übt den „Primat" aus, den er von Jesus erhalten hat.

In der Apostelgeschichte steht Petrus an der Spitze der Elf (1, 13), rekonstituiert den Zwölferkreis (1, 15ff), tritt an Pfingsten „mit den Elfen" (2, 14) als Sprecher der Apostel hervor und formuliert das grundlegende Kerygma von der Geschichte, dem Tod und der Auferweckung des Messias Jesus und der Stiftung der einmütigen Ekklesia durch die Sendung des Geistes.

Leiter der Urgemeinde
Petrus ist Leiter der Urgemeinde – als solcher auch besonders der Verfolgung ausgesetzt – und mit den Aposteln die Mitte des entstehenden Gemeindeverbunds der Ekklesia. Er übt in charismatischer Autorität Gemeindezucht (5, 1–11) und kümmert sich mit den Zwölfen um die Verwaltung und Verteilung der freiwillig zur Verfügung gestellten Besitztümer. Mit den Zwölfen führt er die Wahl der sieben Diakone herbei, die von den Aposteln durch Handauflegung in ihr Amt eingesetzt werden (6, 1–6).

Petrus eröffnet die Heidenmission
Petrus visitiert judäische Gemeinden und bindet (mit Johannes) die Gemeinde-Neugründung in Samaria in die kirchliche Communio ein (8–9). Durch die Bekehrung des Kornelius und seines Hauses eröffnet Petrus – ganz vom Geist Gottes geführt – die Heidenmission (10, 1 – 11, 18). Auf dem Apostelkonzil rechtfertigt er sie angesichts des ausgebrochenen Streits als Werk Gottes (15, 7–11).

Aus dem Kerker in Jerusalem war Petrus zuvor auf wunderbare Weise befreit worden und nach seiner Flucht nach Rom gelangt (12, 1–17).

Der Wundertäter Petrus
Erweitert wird das Petrus-Bild der Evangelien in der Apostelgeschichte dadurch, dass die Heilungsvollmacht (vgl. dazu unten S. 86–87), die Petrus mit der Sendung der Apostel von Jesus erhielt (Lk 9, 1f), nun in Wundererzählungen illustriert wird. Petrus fehlen die „Zeichen des Apostels" (2 Kor 12, 12) nicht – selbst sein Schatten hat heilende Kraft (Apg 5, 15f).

Augenzeuge und Diener des Wortes
Für das Petrusbild der lukanischen Schriften scheint wesentlich zu sein, dass in Petrus der maßgebliche „Augenzeuge und Diener des Wortes" (Lk 1, 2) vorgestellt wird. Er verbürgt für die nachfolgende Epoche, die schon mit der paulinischen Mission anhebt, die Sicherheit der christlichen Überlieferung (Lk 1, 4). Petrus, der Jünger und Augenzeuge „von Anfang an" (Lk 1, 2), ist mit der Leitung der Kirche beauftragt (Lk 22, 31f) und hat sich vom Geist, den der Auferstandene ausgießt, immer neu führen lassen. In der Eröffnung von Juden- und Heidenmission hat er den Weg des Wortes Gottes, die Geschichte der Kirche, grundgelegt.

Wegbereiter des Paulus
„Petrus ist Wegbereiter des Paulus, nicht dessen Opponent. Lukas kann Petrus in der zweiten Hälfte seiner Darstellung der Apostelgeschichte von der Bühne abtreten lassen, weil im apostolischen Werk des Petrus die Kirche aus Juden und Heiden grundgelegt ist."[46]

---

[46] *Rudolf Pesch*, Simon-Petrus S. 147. Vgl. *Otto Knoch*, Petrus S. 13: Lukas „geht bereits davon aus, dass sich nach der Zerstörung Jerusalems (70 n. Chr.) der Schwerpunkt der Kirche nach Rom verlagert hat. Die Gemeinde Roms als ganze ist nun die Sachwalterin des Erbes der Apostel." – *Peter Dschulnigg*, Petrus S. 112, fasst zusam-

2. Corpus Paulinum

Nachdem die Apostelgeschichte mit der Verkündigung Pauli in Rom schließt, wohin auch Petrus gelangt ist und wo beide Apostel das Martyrium erlitten, beginnt – nach der jetzigen Anordnung des Kanons – das Corpus Paulinum folgerichtig mit dem gewichtigsten Brief des Völkerapostels, dem an die Römer.

Die Apostelgeschichte hat die Folie einer Paulusrezeption vermittelt, die Petrus und Paulus – trotz der von Paulus nicht verschwiegenen Spannungen – in ganzer Übereinstimmung zu sehen lehrt. Im Corpus Paulinum[47] ist die grundlegende Autorität Petri anerkannt, mit der Paulus übereinzustimmen sucht.

Paulus und Kefas

Paulus spricht häufiger als von allen sonstigen Männern der apostolischen Zeit von Kefas-Petrus. „Immer wieder ist Petrus der Vergleichsmaßstab für Paulus."[48] Paulus stilisiert in Gal 1, 16 seine eigene Berufung zum Apostel analog zu der des Kefas (vgl. Mt 16, 17). Er führt Kefas als Beispiel für die Vollmacht und das Recht eines Apostels an (1 Kor 9, 5).

Petrus gilt dem Völkerapostel als die führende Autorität der Urkirche, als der Erstzeuge des grundlegenden und alle verpflichtenden Kerygmas (1 Kor 15, 5). Drei Jahre nach seiner Bekehrung

---

men: „Das Wirken des Petrus steht also nach der Apg ganz deutlich in einem missionarischen Horizont, zunächst und grundlegend ist es ein Wirken an den Juden, dann an den Samaritern und abschließend an den Völkern. Er ist der missionarische Zeuge unter den Aposteln schlechthin und realisiert darin Auftrag und Verheißung Jesu zur Stärkung der Brüder/Schwestern (Lk 22, 31f) und dient seinem Petrus-Namen entsprechend im Kreis der zwölf Apostel der Grundlegung der werdenden Kirche in Israel und ihrer Sendung unter die Völker, die ebenso am Heil des erneuerten Volkes Gottes im Geist teilhaben sollen."

[47] Zum pln Petrusbild vgl. *Rudolf Pesch*, Simon-Petrus S. 149 – 150; *Ders.*, Peter in the Mirror of Paul's Letters, in: *Lorenzo di Lorenzi* (ed.), Paul de Tarse. Festschrift für Papst Paul VI., Rom 1979, S. 291–309; *Otto Knoch*, Petrus S. 410; *Martin Karrer*, Petrus S. 210, konstatiert in der Exegese der letzten 60 Jahre beim Petrusbild einen „radikalen Wandel vom Spalter zur Einheitsgestalt des Christentums". – *Eduard Lohse*, St. Peter's Apostleship in the Judgement of St. Paul, the Apostle to the gentiles, in: Gregorianum 72 (1991) 419–435; *Otto Böcher*, Petrus S. 263f; *Peter Dschulnigg*, Petrus S. 148–171; *Lothar Wehr*, Petrus S. 29–127.

[48] *Klaus Berger*, Theologiegeschichte S. 253; vgl. *Lothar Wehr*, Petrus S. 115, 126: „Paulus tastet die Autorität des Petrus nicht an ... Eine Ablehnung des Petrus oder gar eine persönliche Feindschaft zu ihm ist nicht zu erkennen. Paulus nimmt für sein eigenes Selbstverständnis an Petrus Maß." – Nach *Peter Dschulnigg*, Petrus S. 157, hebt Paulus mit der Tradition 1 Kor 15, 3ff „die Sonderstellung des Kephas in der Kirche nach Ostern von Anfang an hervor", seinen „Ruf als Erstzeuge" (159), der „im Kreis der Zwölf eine grundlegende Funktion für die Kirche" (59) hat.

sucht Paulus Kefas in Jerusalem auf, um Anschluss an ihn als den entscheidenden Traditionsträger zu gewinnen (Gal 1, 18).

An Petri Apostolat für die Juden nimmt Paulus Maß für das seinige als Heidenapostel. Die beiden Apostel reichen sich in Jerusalem die Hand der Gemeinschaft und schlichten mit den übrigen „Säulen" den Streit um die Heidenmission (Gal 2, 7–9). Und gerade Petrus gegenüber macht Paulus in Antiochien mit Freimut „die Wahrheit des Evangeliums" (Gal 2, 14) geltend (vgl. dazu weiter unten S. 100–103).

Apostolat ist Dienst
Freilich ist für Paulus der „Fels" (der zu den „Säulen" gehört) nicht schlechthin das „Fundament" im Bauwerk Gottes (1 Kor 3, 11). Die Apostel sind „Diener Christi und Verwalter der Geheimnisse Gottes" (1 Kor 4, 1), als solche jedoch – wie die Paulusschule mit ihrem Lehrer weiß – von Christus „eingesetzt", zusammen mit den Propheten der Ekklesia „Fundament", während der Messias Jesus der „Schlussstein" ist, der den ganzen Bau der Wohnstatt Gottes zusammenhält (Eph 2, 20–22; 4, 11).

Selbstverständlich darf nicht übersehen werden, dass Paulus in den Pastoralbriefen als der Apostel und als der Garant der apostolischen Tradition schlechthin gezeichnet wird. Und unter dieses Vorzeichen wird durch die Klammer der Pastoralbriefe natürlich das gesamte Corpus Paulinum gestellt.

Nur: Das Corpus Paulinum bildet keinen selbständigen Kanon, sondern ist eingebaut worden in den Gesamt-Kanon des Neuen Testaments und damit eben auch in dessen Gefüge von Petrus-Texten, die das Corpus Paulinum jetzt geradezu rahmen, während sie in der ersten Kanonischen Ausgabe im 2. Jahrhundert im *praxapostolos* (den katholischen Briefen) den Paulusbriefen vorausgingen. Nimmt man das Neue Testament als auszulegenden Gesamt-Text ernst, so ist dieses Gefüge in seiner Sinn-Konstitution sorgfältig zu beachten.

3. Petrus-Briefe

Falls die beiden Petrusbriefe pseudepigraphe Schreiben sind, wofür die besseren Gründe zu sprechen scheinen,[49] ist besonders bemerkenswert, dass sie „auch das paulinische Erbe unter die Auto-

---

[49] Vgl. *Otto Knoch*, Petrus S. 45 – 46 (Lit.); *Ders.*, Petrusschule (s. Anm. 7); *Peter Dschulnigg*, Petrus S. 172–175, 188–191.

rität des Petrus stellen, der erste, da er die paulinische Theologie voraussetzt und Silvanus, den Mitarbeiter des Paulus, als Überbringer des Briefes einführt, der zweite, da er die Briefe des Paulus ausdrücklich vor häretischer Fehldeutung in Schutz zu nehmen versucht."[50]

Apostolische Lehrschreiben des Petrus

Liest man die beiden Petrusbriefe, wie es im Kanon angezeigt ist, als apostolische Lehrschreiben des Petrus, die von Rom aus in die Kirchen gesandt werden, so kommt ihnen in der Reihe der katholischen Briefe der „Säulen" Jakobus, Petrus und Johannes, die auf Jerusalem, Rom und Ephesus hinweisen, auch die besondere Autorität der römischen Gemeinde zu.

Der erste Petrusbrief[51]

Der erste Brief beansprucht für den „römischen" Petrus ökumenische Autorität, gerade auch in paulinischen Missionsgebieten.

Falls Silvanus nicht der Überbringer des Briefs, sondern im Kreis der römischen „Petrusschule" der Briefschreiber war, ist dies besonders einleuchtend, weil er Schüler von Petrus und Paulus war; Silvanus konnte auch aus Kenntnis von „Grundzügen der Verkündigung des Petrus"[52] schreiben.

---

[50] *Rudolf Pesch*, Simon-Petrus S. 150. – *Otto Knoch*, Petrusschule (s. Anm. 7) S. 107, bemerkt: „Dieses apostolische Gegenüber und Zusammen zugleich des Apostels Petrus zu und mit dem Apostel Paulus verweist auf Verfasser, die einer bewusst petrinisch denkenden und handelnden Gruppe einflussreicher Christen zugehören, welche sich in Rom befindet." – *Peter Dschulnigg*, Petrus S. 2 hebt hervor, „dass die Theologie des 2 Petr insgesamt stark vom Matthäusevangelium geprägt ist, also von einer Schrift, die sich betont auf Petrus beruft."
[51] Zum Petrusbild des 1 Petr vgl. *Rudolf Pesch*, Simon-Petrus S. 150–151; *Otto Knoch*, Petrus S. 46–48; *Martin Karrer*, Petrus S. 222–231; *Peter Dschulnigg*, Petrus S. 172–187; *Lothar Wehr*, Petrus S. 181–251. – Indirekte Beiträge: *Friedrich Schröger*, Gemeinde im 1. Petrusbrief. Untersuchungen zum Selbstverständnis einer christlichen Gemeinde an der Wende vom 1. zum 2. Jahrhundert (Schriften der Universität Passau, Katholische Theologie Band 1), Passau 1981; *Elena Bosetti*, Il Pastore. Cristo e la chiesa nella prima lettera di Pietro (Associazione Biblica Italiana, Supplementi alla Rivista Biblica 21), Bologna 1990. – Vgl. auch *Anthony Casurella*, Bibliography of Literature on First Peter (New Testament Tools and Studies XXIII), Leiden 1996.
[52] So *Peter Dschulnigg*, Petrus S. 180, der weiter vermerkt, „dass Silvanus, der bedeutende judenchristliche Missionar aus der Jerusalemer Gemeinde und zeitweise Mitarbeiter des Paulus, später dem Kreis um Petrus in Rom angehört hat" (S. 185).

Apostolische Autorität
Jedenfalls wird Petrus in diesem Schreiben in seinem Lehr- und Hirtenamt für die Gegenwart nach seinem Tod präsent gehalten: „Als ‚Mit-Ältester' (5, 1), der den ‚Ältesten' in den kleinasiatischen Gemeinden schreibt, ist Petrus als ‚Hirte' (5, 2) unter den ‚Erzhirten' (5, 4) Jesus Christus gestellt, im Dienst an dessen Herde.
Der Apostel ist so als ‚oberster Presbyter-Hirte'"[53] gesehen. Für den ersten Petrusbrief „heißt ‚Petrus' apostolische Autorität."[54]

Petrus und die römische Gemeinde
Überraschend ist, wie viele Themen, die den Primat der Nachfolger Petri berühren, gerade in diesem Brief zur Sprache gebracht werden. Petrus und die römische Gemeinde dürfen verlangen, dass die durch den Geist geheiligten Christen gehorsam sind, und zwar Christus, durch dessen Blut sie erlöst sind.

Der Lebenswandel der gehorsamen Kinder darf nicht heidnisch sein, ihr ganzes Leben soll der Heiligkeit Gottes entsprechen. So siegt die Wahrheit, und der Wahrheit gehorsam ist das Herz frei für die Agape. Wie Petrus, der „Fels", bauen „lebendige Steine" das Haus Gottes auf.

Petrus und der römischen Gemeinde obliegt es besonders, die Christen zu Loyalität und Freiheit im Umgang mit dem Staat zu mahnen. Sie dürfen den Kaiser ehren, aber nur Gott fürchten! Freiheit von den weltlichen Mächten ist notwendig, wenn die Kirche bei der Wahrheit bleiben will.

Jeglicher Dienst in der Kirche wird durch Gottes Kraft ermöglicht. Und die Verfolgung ist ein Zeichen, dass der Geist Gottes, dem der Zeitgeist widerspricht, auf den Gemeinden ruht.

Mit-Ältester
Insbesondere betont der erste Petrusbrief das Miteinander: Die Christen sind die Mit-Auserwählten, und Petrus stellt sich als Mit-Ältester vor. Er zieht die Glaubenden in die Mitverantwortung, insbesondere die Gemeindeleiter, die Vorbilder von Freiwilligkeit und Zuwendung zur Sache Gottes sein sollen.

Als „Babylon" erscheint Rom wie ein Exil für die Christen – de-

---

[53] *Raymond E. Brown* u. a., Der Petrus der Bibel. Eine ökumenische Untersuchung, Stuttgart 1976, S. 134. – Vgl. *Otto Knoch*, Petrus S. 47: „Vor allem aber weisen die Hirtensymbolik und sein Lebensbeispiel auf die gleiche Tradition hin, die auch hinter Joh 21, 21–25 greifbar wird."
[54] *Norbert Brox*, Tendenz und Pseudepigraphie im ersten Petrusbrief, in: Kairos 20 (1978) 110– 120, hier S. 118f.

nen freilich jede Fremde Heimat sein kann. „Der 1 Petr steht durch die Aufnahme judenchristlicher, gerade auch von Petrus her mitgeprägter Theologie den bedrängten Adressaten in Kleinasien bei und erinnert dabei auch an die Leidensnachfolge des beispielhaften Märtyrers Petrus."[55]

Der zweite Petrusbrief[56]

Der zweite Brief stammt wohl auch aus der „Petrusschule" in Rom, er ist ausgegeben als ein Testament des Petrus und stellt in der Absenderangabe „Symeon Petrus, Knecht und Apostel Jesu Christi" dessen besondere Autorität heraus, in 1, 16–19 gestützt durch den Hinweis auf dessen Augenzeugenschaft.

Der Verfasser, der sich „als treuer Sachwalter der Anliegen des Petrus" versteht, bringt „die Theologie des Petrus in der Berufung auf den Felsenmann zur Geltung" und „nutzt die Autorität des Petrus, um die apostolische Glaubensüberlieferung gegenüber abweichenden Auffassungen von Irrlehrern zu verteidigen." Er wendet „das Hirtenamt des Petrus" an.[57]

---

[55] *Peter Dschulnigg*, Petrus S.187. – *Otto Knoch*, Der Erste und der Zweite Petrusbrief. Der Judasbrief (Regensburger Neues Testament), Regensburg 1990, S. 121 merkt an: „Petrinisches Christentum im Sinn des 1 Petr zeichnet sich aus durch Wahrung der urapostolischen Zusammengehörigkeit von Amt und Charisma und damit durch Ausgewogenheit, Besonnenheit und Weite."
[56] Zum Petrusbild des 2 Petr vgl. *Rudolf Pesch*, Simon-Petrus S. 151–152; *Otto Knoch*, Petrus S. 48–50; *Peter Dschulnigg*, Petrus S. 188–201; *Lothar Wehr*, Petrus S. 329–356. – *Johannes Munck*, Petrus und Paulus in der Offenbarung Johannis. Ein Beitrag zur Auslegung der Apokalypse, Kopenhagen 1950, hatte vorgeschlagen, die beiden Zeugen in Offb 11, 3–13 „als die Apostel Petrus und Paulus, die apostolischen Zeugen und Märtyrer in Rom aufzufassen" (15), worin ihm die nachfolgende Forschung nicht gefolgt ist. – Vgl. bes. *Klaus Berger*, Die Auferstehung des Propheten und die Erhöhung des Menschensohnes (Studien zur Umwelt des Neuen Testamentes 13), Göttingen 1976.
Ulrich B. Müller, Die Offenbarung des Johannes (Ökumenischer Taschenbuch-Kommentar zum Neuen Testament 19), Gütersloh – Würzburg 1984, S. 210f bemerkt, die Gleichsetzung der beiden Zeugen mit Petrus und Paulus scheitere schon daran, „dass die beiden Gestalten in Jerusalem und nicht in Rom wirken". S. 219 stellt er fest: „Johannes hat unter den beiden Zeugen Symbolgestalten verstanden. Dies entsprach der entindividualisierenden Tendenz, die die Redaktion des ganzen Abschnitts beherrschte. Doch könnten ursprünglich wirklich Elia und Mose gemeint sein." – Zur Gleichsetzung Babylon=Rom und deren martyrologischer Konnotation vgl. *Klaus Berger*, Theologiegeschichte S. 573; auch *William R. Farmer & Roch Kereszty O. Cist.*, Peter, S. 8: „‚Babylon' underlines the martyrological significance of the city of Rome."
[57] *Peter Dschulnigg*, Petrus S. 198f.

Wächter des wahren Glaubens
Petrus ist zum Wächter des wahren Glaubens qualifiziert, der die Vollmacht der Auslegung von Schrift und Tradition besitzt. Petrus ist befugt, die aufkommenden theologischen Irrtümer in der Kirche abzuwehren: den „Irrtum der Gottesverächter" (2 Petr 3, 17), die ein falsches Leben führen, Freiheit versprechen und selbst Sklaven sind, von ihren Begierden geknechtete Spötter. Er ist es auch, der seinen „geliebten Bruder Paulus" (2 Petr 3, 15f) vor falscher Auslegung seiner Schriften schützen muss und kann – weil alle Apostel auf dasselbe Evangelium verpflichtet sind, für dessen Überlieferung und Bewahrung Petrus insbesondere bürgt.[58]

Der zweite Petrusbrief blickt wie das Johannesevangelium (21, 18f) schon auf Petri Martyrium zurück. Das Blutzeugnis vollendete seine Autorität.

4. Die Petrusschule in Rom und das kanonische Petrusbild

In den 90er Jahren ist vor allem durch die Arbeiten von Otto Knoch (und zusätzlich die von David Trobisch) eine neue Einsicht eröffnet worden, die dahingehend zusammengefasst werden kann:

In einer Petrusschule in Rom, zu der sowohl der Evangelist Markus als auch der Petrus- und Paulusschüler Silas/Silvanus gehörten, ist die gesamtkirchliche Bedeutung des Petrus in der apostolischen und nachapostolischen Generation für die Folgezeit festgehalten und in der Herausgabe des Kanons des Alten und Neuen Testaments maßgeblich gemacht worden.

„Petrus bildete für diesen Kreis, der sich für die Gesamtkirche verantwortlich wusste, das Symbol der Einheit der Kirche, der Hirtensorge Christi, der Bereitschaft zum Leiden und Sterben für Jesus Christus und den Glauben an Gott. Von ihm und der judenchristlichen Kirche in Jerusalem übernahm dieser Kreis die

---

[58] *Otto Knoch* (s. Anm. 55), S. 217 fasst zusammen: „In den Kreis derer, die von Rom aus sich im Namen von Petrus und Paulus um die Wahrung der apostolischen Glaubensüberlieferung und um die Einheit der Kirche mühen, ordnet sich der Vf. von 2 Petr bewusst ein. Er erinnert mit Hilfe der Petrusgestalt daran, dass für die Kirche Jesu Christi, des Herrn, die apostolische Glaubensüberlieferung die Grundlage für die Einheit in der Wahrheit, für den rechten Weg durch die Geschichte zum ewigen Reich Gottes und für die Einheit untereinander bildet. In ihr ist auch die paulin. Tradition gewahrt und aufgehoben. Das entscheidende Symbol und der Garant dieser Einheit ist dabei Simon Petrus, der führende Apostel und bevollmächtigte Zeuge Jesu Christi."

Kirchenmodelle, die sich für die Einheit der verschiedenen Kirchentypen im ausgehenden 1. Jh. besonders gut eigneten: das erwählte Volk Gottes (1 Petr 2, 9f; vgl. Mt 10, 2–4; 16, 18; 19, 28; 28, 18–20), das Haus Gottes, das auf dem Fundament Jesu Christi aufgebaut ist (2, 3–8; vgl. Mt 16, 18; auch Apg 4, 10–12; Ps 118, 22), die Herde Gottes unter dem Oberhirten Jesus Christus (2, 25; 5, 2–4; vgl. Joh 10, 11–16; 21, 15–17)."[59]

Petrusamt der Stärkung der Brüder
Der römische Petruskreis übte mit den Petrusbriefen ein Petrusamt der Stärkung der Brüder aus und schuf im Kanon eine umfassende Typologie des Petrusamtes, einen Typus, der sich in der folgenden Geschichte prägend auswirken konnte: in der Ausformung des universalen Amtes der Nachfolger des Petrus, der Bischöfe der römischen Gemeinde. (Zu Petrus *und* Paulus vgl. unten S. 81–84).

---

[59] *Otto Knoch* (s. Anm. 55), S. 146.

V
Gesichtspunkte zu den Grundlagen des Primats und insbesondere zu seiner Weitergabe

Die überwiegend protestantische historisch-kritische Forschung des 19. und frühen 20. Jahrhunderts stellte nicht nur die Verbindung zwischen Jesus, der keine Kirche gewollt habe, und der Kirche, die von Paulus begründet sei, grundlegend in Frage, sondern ebenso – bis hin zur Leugnung eines Romaufenthalts Petri – die Bindung der Kirche an Petrus.

1. Kirchengründung und Primat

Wenn Jesus keine Kirche gewollt und gegründet hat, wie es im 20. Jahrhundert die verbreitete Auffassung der protestantischen (und teilweise auch der katholischen) Exegese wurde, kann er auch keine Sakramente eingesetzt und keine kirchlichen Ämter gestiftet haben, also auch nicht ein bleibendes Petrusamt.

Die Vorstellung von der Kirchengründung durch Jesus und das Verständnis des Primats Petri und seiner Nachfolger hängen unlösbar zusammen.

Die Kirche als Frucht des ganzen Lebens Jesu
Freilich sollte man sich nicht naiv vorstellen, Jesus hätte eine Kirchenverfassung verabschiedet, Ämter gestiftet, Amtsträger eingesetzt und vorweg deren Nachfolge geregelt, – als sei die Kirche an Pfingsten voll ausgebildet da gewesen. 1985 hat die Internationale Theologenkommission[60] die Ergebnisse der jüngeren, insbesondere der katholischen exegetischen Forschung aufgenommen und die Kirche als „gleichsam die Frucht des ganzen Lebens Jesu" beschrieben.

Wir könnten „in den Taten Jesu vorbereitende Elemente, Fortschritte, Phasen im Blick auf die Gründung der Kirche erkennen", Elemente einer „dynamischen Evolution". Wesentlich sei: „Kein Schritt in diesem Prozess, für sich allein genommen, begründet

---
[60] *Internationale Theologenkommission*, Dokument 13 „Themata selecta de ecclesiologia", Città del Vaticano 1985.

das Ganze, sondern alle Schritte miteinander verbunden, machen offenbar, dass die Gründung der Kirche als ein historischer Prozess angesehen werden muss, das heißt, dass die Kirche ihren Ausgang hat innerhalb der Geschichte der Offenbarung."[61]

Der Ort des Primats Petri
In dieser Geschichte hat auch der Primat Petri seinen Ort. Zu den entscheidenden Schritten gehören: die Berufung und Schaffung der Zwölf als Zeichen des erneuerten Gesamtisrael und die Namensgebung für den Ersten unter ihnen, Kefas. Aber auch andere Elemente und Phasen dieses Prozesses des Kirchewerdens sind mit Petrus in besonderer Weise verbunden: Jesu Ablehnung in Israel, das Abendmahl, die Verurteilung Jesu, die Erneuerung der Gemeinschaft mit dem Auferstandenen, die Wiederherstellung der ‚Figur der Zwölf‘, Pfingsten, die Eröffnung und Bestätigung der Heidenmission ...

Deutlich ist: An allen Brennpunkten der Entwicklung der werdenden Kirche, angefangen im Leben Jesu, ist Petrus gegenwärtig, maßgeblich einbezogen. Die Entwicklung der Petrustraditionen spiegelt den Prozess des Kirchewerdens, der über sein Leben in die nachapostolische und frühkirchliche Zeit hinausgreift.

Was Petrus ist, was er sein oder noch werden sollte, wie sich die Frage der Nachfolge stellen würde, war vom ersten Moment an nichts Isoliertes, für sich Bestehendes, sondern verwoben mit der endzeitlichen Sammlung Israels durch den Messias Jesus und der nachösterlichen Entfaltung der Kirche.

2. Die ‚Figur der Zwölf‘

Für das Werden der Kirche war, wie noch in Offb 21, 14 vermerkt ist, die Schöpfung der ‚Figur der Zwölf‘ ein entscheidender, sich vielfältig auswirkender Schritt. Mit ihr und auch mit der Verleihung des Kefas-Namens an Simon als ‚Ersten‘ hat Jesus ein wirksames Zeichen für die Erneuerung Israels gesetzt (Mk 3, 14ff). „Sowohl

---

[61] Aus Abschnitt 1. 4. – Die Internationale Theologenkommission hat mit Recht die im Wirken Jesu in Wort und Tat erkennbare implizite Ekklesiologie unterschieden von einer ausdrücklich bekundeten Absicht oder einem ‚ausdrücklichen Willen, die ganze Vielfalt der Einrichtungen zu gründen und zu etablieren, so wie sie sich im Laufe der Jahrhunderte entwickelt haben." Allerdings stellt sie auch fest, „dass Jesus die Gemeinschaft, die er um sich gesammelt hat, mit einer Struktur versehen wollte, die bis zur endgültigen Vollendung des Reiches bestehen bleiben wird." Und sie erwähnt „zunächst die Wahl der Zwölf mit Petrus als ihrem Haupt."

die sorgfältig tradierte Liste der Zwölf mit Simon Petrus an erster Stelle als auch das Verb *epoiesen* (= ‚er schuf' oder ‚er setzte ein') zeigen, dass es hier wirklich um eine Institution geht. Eine vergleichbar vollständige Namensliste gibt es sonst in der Urkirche nur noch für das Amt der ‚Sieben' in Apg 6, 5. ‚Schaffen' (*poiein*) kann im Alten Testament die Einsetzung von Amtsträgern, zum Beispiel von Richtern oder Priestern, in ihr Amt bezeichnen. Ein solch öffentlich offizieller Vorgang ist auch hier gemeint ... Die Neuschöpfung Israels geschieht jetzt. Die Zwölf sind der Anfang und die Wachstumsmitte des endzeitlichen Gottesvolkes."[62]

‚Fundamentale' Erneuerung Israels
Die Verleihung des Kefas-Namens an Petrus gehört mit der Schaffung der ‚Figur der Zwölf' zusammen. Jesus hat dabei auch bei Abraham angeknüpft, dem ‚Felsen', aus dem Israel gehauen war (Jes 51, 1f). Denn Abraham hatte als erster einen ekklesiologischen Namen erhalten (Gen 17, 5). Jesus geht es um die ‚fundamentale' Erneuerung Israels.

Nicht weniger wichtig ist Jesu letztes wirksames Zeichen. Das Paschamahl vor seinem Tod feiert er in Jerusalem mit den Zwölfen als seiner ‚neuen Familie' (Mk 14, 17–25 parr). In der Stiftung des Neuen Bundes werden die Zwölf zum Kern des entsühnten, des erneuerten Israel. Am Tisch mit ihnen, in deren Mitte Jesus dient, gibt er Petrus den Auftrag der Stärkung der Brüder (Lk 22, 31f).

3. Dienst an der Einheit

Wenn die ‚Figur der Zwölf' mit der Person Jesu zum „Neuen am Neuen Testament" gehört[63], drängt sich die Frage auf, was dies für das Amt des Ersten der Zwölf bedeutet. Die exegetische Un-

---

[62] Gerhard *Lohfink*, Braucht Gott die Kirche? Zur Theologie des Volkes Gottes, Freiburg i. Br.-Hagen 1998. – Vgl. auch Hans-Josef *Klauck*, Die Auswahl der Zwölf, in: Gemeinde – Amt – Sakrament. Neutestamentliche Perspektiven, Würzburg 1989, S. 131–136. – Die Szene von der Erwählung der Zwölf spielt – nicht ohne typologische Anspielung auf den Gottesberg Sinai – „auf einem Berg" (Mk 3, 13). Jesus verbringt dort „die ganze Nacht im Gebet" (Lk 6, 12). Zuvor waren „viele Menschen" aus ganz Israel aufgeboten, die Jesus folgten (Mk 3, 7f par Mt). Angesichts der Repräsentation Gesamtisraels wählt Jesus die namentlich genannten Zwölf für den Beginn der Neuschöpfung Israels. *Joseph Ratzinger*, Primat S. 168f, wies auf den für die Überlieferung der Zwölfernamensliste bedeutenden Umstand hin, dass „Zeugenschaft Namentlichkeit impliziert" und „der innere Grund des Primats: Glaube als persönliche verantwortete Zeugenschaft" ist.
[63] Vgl. dazu *Joseph Kardinal Ratzinger*, Gemeinschaft S. 104–106.

tersuchung geht hier in eine theologische Betrachtung über, die dieses Amt als Dienst an der Einheit zu sichten vermag.

Eine synchrone Sichtung darf alle Schichten des Neuen Testaments und insbesondere die johanneische Theologie einbeziehen, in der das Neue am Tiefsten reflektiert worden ist (vgl. Joh 1, 17f).

Das Neue am Neuen Testament
Das Neue am Neuen Testament ist die Person Jesu aufgrund ihrer unüberbietbaren Einheit mit Gott, wie sie z. B. der johanneische Jesus – kaum zufällig im Kontext seiner Hirtenrede – formuliert: „Ich und der Vater sind eins" (Joh 10, 30). In diese Einheit wird sein Stellvertreter einbezogen, inmitten der Zwölf: „Ich habe ihnen die Herrlichkeit (= Einheit) gegeben, die du mir gegeben hast; denn sie sollen eins sein, wie wir eins sind, ich in ihnen und du in mir" (Joh 17, 22f).[64]

Bei der Fußwaschung hatte Jesus dem Petrus die Gemeinschaft mit sich angeboten (Joh 13, 8), beim Abendmahl nach dem Rangstreit der Zwölf sich selbst als den Diener an ihrer Einheit in ihrer Mitte vorgestellt und Simon mit der Stärkung der Brüder beauftragt (Lk 22, 24–32). Der Auferstandene fragte Simon Petrus, der seine Herde weiden soll, ob er ihn mehr liebe als die anderen Jünger (Joh 21, 15) und so ihre Einheitsmitte sein könne.

4. Weitergabe des Primats?

Seit auch viele protestantische Exegeten sich an der Spurenlese des Primats Petri im Neuen Testament so beteiligt haben, dass vor wenigen Jahren Anlass schien, von einem „radikalen Wandel"[65] zu sprechen, ist angesichts des unbestreitbaren Befunds, dass das Neue Testament einen „Primat" Petri, einen „Petrusdienst" kennt, die Frage nach seiner Weitergabe noch dringlicher geworden.

Ist das Neue Testament dafür offen? Was sagt der Endtext, in dem die einzelnen Petrusbilder zusammengefügt sind?

Das Gesamtgefälle biblischer Tradition
Das Neue Testament hat noch keine konkrete Amtsstruktur mit einem Nachfolger Petri ausformuliert. Und es redet nicht von einem bestimmten Nachfolger in seinem Amt. Aber unbeschadet

---

[64] Zur Identifikation „Herrlichkeit" = „Einheit" vgl. *Klaus Berger*, Theologiegeschichte S. 662.
[65] So *Martin Karrer*, Petrus S. 210.

dieser historischen Feststellung gilt: Sein Amt ist im Gesamtgefälle biblischer Tradition, des neutestamentlichen Petrusbildes und insbesondere der klassischen Primatstexte mit ihren Bildfeldern auf Nachfolge hin angelegt, auf die Nachfolge eines persönlich-mittlerischen Zeugen, der als Nachfolger für die Tradition haften und die Einheit der Kirche bewahren muß.[66]

Da das Neue Testament über einen Nachfolger Petri schweigt, kann die Notwendigkeit der Weitergabe des Primats nur aus der Gesamt-Beschreibung des Petrusdienstes, aus dem kirchlichen Autorenwillen, aus dem Richtungssinn des Endtextes gefolgert werden.

5. Der Richtungssinn der ‚klassischen' Primatstexte

Die sogenannten klassischen Primatstexte, die den drei größeren Evangelien angehören, haben einen auf Nachfolge und Nachfolger hin angelegten „Richtungssinn". Sie haften in ihrer kanonischen Reihenfolge an drei besonders bedeutsamen Stationen der Geschichte Jesu und Petri und verwenden vier hervorragende Bildfelder der Gottesvolktheologie. Indem die Worte in der Bestellung Petri zum Hirten münden und mit einem Vaticinium seines Martyriums verbunden sind, ist der Horizont auf einen Nachfolger in seinem so umfassend entworfenen ‚Amt' hin geöffnet.

Die drei Stationen der Primatstexte
Die drei Stationen der Primatstexte zielen zunächst deutlich auf einen Nachfolger nach Jesu Tod:
- Beim Messiasbekenntnis Petri (Mt 16, 16–19) beginnt Jesu Zug zur Passion mit der ersten Leidens- und Auferstehungsweissagung.
- Beim letzten Paschamahl nach dem Rangstreit der Zwölf blickt Jesus schon über seinen Tod hinaus in die Zukunft der von ihm gesammelten „Brüder", die Petrus stärken soll (Lk 22, 31f).
- Bei der letzten Erscheinung ist der Auferstandene um seine Herde in der Zeit der Kirche besorgt (Joh 21, 15–17), nun auch über den Tod Petri hinaus.

---

[66] Freilich, wer das neutestamentliche Amt als sakramental qualifizierten Dienst (der auf Weiter-Gabe hingeordnet ist) und die Einbindung des Zeugen in das Mit-Sein und die Kette der Zeugen ausblendet, wird die innere Notwendigkeit der Weitergabe des „Primats", wie sie aus der Geschichte Petri und der werdenden Kirche im Neuen Testament aufleuchtet, nicht wahrnehmen können.

Die beiden ersten Worte sind Verheißungen für die nachösterliche Zukunft; in ihr verbinden sie sich mit dem dritten Auftragswort: Der „oberste Hirte" (1 Petr 5, 4) hat Petrus zu seinem Vikar gemacht. Die Aufgabe der Sammlung und Führung ist ein bleibender Dienst, wenn die „Herde" nicht erneut zerstreut werden soll.

Die Bildfelder der Primatstexte
Nach Peter Dschulnigg stehen die Entwicklungen im 2. – 5. Jahrhundert, welche „eine personelle und dauernde Institutionalisierung des Petrusdienstes begünstigten und förderten, ... grundlegend im Einklang mit dem Richtungssinn ntl. Aussagen über Person und Funktion des Petrus".[67]

Wir erkennen diesen Richtungssinn vor allem in den ekklesiologischen Bildfeldern vom Hausherrn und vom Verwalter, von Bau und Stein, von Hirt und Herde, auch von der neuen Familie Jesu.

Der Haushalter Petrus
Die Zuordnung der ‚Figur der Zwölf' zu Israel geht in der neutestamentlichen Überlieferung einher mit der Betonung der Davidssohnschaft Jesu. Die Übergabe der Schlüssel zum Himmelreich (Mt 16, 19) vom neuen David – der Hirt und Hausherr ist – an seinen „Haushalter" Petrus (vgl. Lk 12, 41f) ist in diesem Horizont besonders sprechend (vgl. auch Offb 3, 7).

Petrus erhält ein „Amt" (eine *oikonomia*), von dem – so sagt es das schon alttestamentliche Bildfeld[68] – eine Sukzession nicht wegzudenken ist.

---

[67] *Peter Dschulnigg*, Petrus S. 211f. Von Dschulnigg wird das Problem der „fehlenden Petrusnachfolge im NT" so angezeigt: „Trotz der Aufwertung und wachsenden Bedeutung des Petrus als Symbolfigur und Vollmachtsträger für die ganze Kirche in den Evangelien und der Apg ist in diesen Schriften nirgends von einem Nachfolger des Petrus nach dessen Tod die Rede." „Der überdimensionale Petrusdienst" werde „nur ausnahmsweise und punktuell von einzelnen in bestimmten Situationen und auf Zeit wahrgenommen, ohne dass es dabei zu einer Institutionalisierung auf Dauer gekommen wäre." Diese „punktuelle Aktualisierung finde sich in den beiden Petrusbriefen: Der erste aktualisiere „besonders den pastoralen Zug im ntl. Petrusdienst": „Im Wirken des Verfassers des 1 Petr findet das ‚Stärke deine Brüder' (Lk 22, 32) und das ‚Weide meine Schafe' (Joh 21, 15–17) des Petrusdienstes einen angemessenen Ausdruck". Der zweite aktualisiere „insbesondere die Lehr- und Bannvollmacht des ntl. Petrusdienstes von Mt 16,19".
[68] Vgl. Jes 22, 21f. – Eine gute Übersicht über die Bildfelder vom Bau und der Herde bietet *Giuseppe Segalla*, L'unità della chiesa e la varietà dei suoi modelli nel Nuovo Testamento, in: Commission Biblique Pontificale, Unité et Diversité dans l'Église (Teologia e Filosofia XV) Città del Vaticano 1989, S. 297–311.

Petrus, Grundstein und Säule
Auch das Bildfeld von Bau und Stein, Tempel, Fundament und Säulen (z. T. synonym gebraucht; vgl. 1 Tim 3, 15) hat Personen im Blick, den Bau aus „lebendigen Steinen" (1 Petr 2, 5). Und dieser Bau hat eine Geschichte, in der sein Herr allezeit jemanden „zu einer Säule im Tempel" (Offb 3, 12) machen kann. Wenn Kefas als Verschlussstein die Todesmächte von der Ekklesia abhalten soll (Mt 16, 18), so kann er – auch wenn er als Grundstein einmalig ist – in dieser Aufgabe Nachfolger haben.

Der Hirt
Das Bildfeld vom Hirten erstreckt sich von JHWH über Mose und David, Könige und Priester, zum neuen David, Jesus, und zu Petrus. Gott hat „einen einzigen Hirten, der sie weiden soll" (Ez 34, 23), bestellt, den „guten Hirten" (Joh 10, 11ff); in dessen Auftrag sollen Hirten „mit Hingabe" (1 Petr 5, 2) ihren Dienst tun, damit Israel in seiner Neuschöpfung nie mehr sei „wie Schafe, die keinen Hirten haben" (Mk 6, 34). Das Hirtenamt Petri (Joh 21, 15–17) verlangt nach einem Nachfolger.

Stärkung der „neuen Familie"
Das Bildfeld der ‚neuen Familie' macht die Aufgabe der „Stärkung der Brüder" (Lk 22, 31f) zu einem dauernden Dienst, der auch nach Petri Tod von einem Nachfolger wahrgenommen werden muss.

Auf den Punkt gebracht könnten wir sagen: Der neutestamentliche Kirchenbegriff, der sich in unterschiedlichen Bildern entfaltete, impliziert ein bleibendes Petrusamt.[69] Und dies tut

---

[69] Die Frage nach dem Primat Petri und seiner Weitergabe hat – bibeltheologisch gesehen – mit dem Problem der Repräsentation Gottes, des Felsens und Hirten Israels, zu tun, dessen „penetranter Immanenzwille" (Gerhard von Rad) darauf zielt, „in der Mitte" seines Volkes zu wohnen – und entsprechend mit der Repräsentation seines Messias, des eschatologischen „guten Hirten". Die Zusage des Gottes der Offenbarung an Sein Volk, er wolle „in ihrer Mitte" wohnen, setzt für die Geschichte Israels und der Kirche einen deutlichen Unterschied zu jenseitsorientierter paganer Religiosität – und damit auch zu jeglichem sonstigen paganen Verständnis von Amt und Repräsentation. Sie lautet: „Ich schlage meine Wohnung in eurer Mitte auf" (Lev 26, 11f); sie wird wiederholt und variiert bis zur Vision des Neuen Jerusalem in Offb 21, 3: „Seht, die Wohnung Gottes unter den Menschen! Er wird in ihrer Mitte wohnen." Repräsentant Gottes in der Mitte des Volkes ist in einer langen Geschichte des Experimentierens zunächst Mose, sind nach Josua und Kaleb, seinen Nachfolgern, die Ältesten und jeweils die Richter, dann die Könige und danach dominieren die Priester und – bis zur prophetenlosen Zeit – immer wieder Propheten. Der Messias Jesus erscheint als der von Gott „inmitten der Brüder" erweckte eschatologische Prophet (Dtn 18, 15.18), auf den es zu hören gilt (vgl. Mk 9, 7parr); als der Gottesknecht, der

auch, wie wir sehen werden, die Darstellung des Petrus als Typus.

Doch zuvor gehen wir auf die ekklesiologischen Amts-Metaphern vom Felsen und vom Hirten noch einmal kurz gesondert ein. Sie haben im gesamtbiblischen Kontext besondere Aussagekraft.

6. Einmaliges und Bleibendes: Petrus als ‚Fels'

Die einmalige geschichtliche Bedeutung und heilsgeschichtliche Stellung des Petrus lässt sich so charakterisieren: Er ist der erste Jude, der – im Unterschied zu den übrigen in Gottes Eigentumsvolk Israel – den Messias verstand und als Messias bekannte; der nach der Hinrichtung Jesu den anfänglichen Rest des erneuerten Israel persönlich sammelte und anführte. Er bleibt der Erste als der wichtigste Augenzeuge, der von Anfang an in Jesu Sammelbewegung dabei war.

Der Kronzeuge der Auferstehung Jesu
Das Entscheidende war, dass Petrus die heilsgeschichtliche Stunde erkennt und benennt: Der Messias ist da (Cäsarea Philippi), mit Jesu Auferweckung und der Ausgießung des heiligen Geistes hat die eschatologische Erfüllung der Verheißungen an Israel begonnen (Pfingsten), Gott will nach der Wiederherstellung Israels auch ein Volk aus den Heiden (Apostelkonzil).

Die Protophanie, die erste Erscheinung des Auferstandenen, hat Petrus zum Kronzeugen der Auferstehung Jesu gemacht. Pet-

---

„in eurer Mitte wie der Dienende" ist (Lk 22, 27); als der Menschensohn „inmitten der sieben Leuchter", der sieben Gemeinden (Offb 1, 13.20). Er hat die ‚neue Familie' um sich als neue Mitte, als „die Tora in Person", den „lebendigen Sinai" (Joseph Kardinal Ratzinger) gesammelt (vgl. Mk 3, 31–35parr). Der Auferstandene tritt in die Mitte der Versammlung der Elf und der Jünger (Lk 24, 36; Joh 20, 19.26) und stiftet mit den Gaben des Schalom, des Geistes, der Sendungs- und Vergebungsvollmacht seine Kirche.
Der Erste der zwölf Apostel, Petrus – den Zwölfen ist ein besonderer „Dienst", „das Apostelamt" (Apg 1, 17.25), gegeben – tritt „in der Mitte der Brüder" (Apg 1, 15) auf und betreibt vor Pfingsten die Wiederherstellung der ‚Figur der Zwölf', der von Jesus geschaffenen Mitte des erneuerten Israel, zu dem bald durch einen „Eingriff" Gottes „ein Volk aus den Heiden für seinen Namen" (Apg 15, 14) hinzugewonnen werden kann. Die Kirche wird von der Mitte derer her gebaut, die als die Gesandten, die Apostel, miteinander an Stelle des gekreuzigten und auferweckten Herrn in der Autorität Gottes sprechen dürfen und müssen (Joh 20, 21; Lk 10, 16; vgl. Mt 10, 40; Joh 13, 20). Sie bildet sich um die Mitte des Petrus und, mit ihm, der Apostel.

rus ist nach Ostern der tragende Fels der Ekklesia, auch für die Kirche aus Juden und Heiden.

Die Metapher vom „Felsen" stellt all dies vor Augen: die Sammlung und Bewachung der Kirche vor Spaltung, Streit und Irrlehre. Nicht auf den Tempelfelsen, sondern auf seine gläubige Person wird der neue Tempel gebaut. „Fels ist nicht mehr ein Ort, sondern eine Person."[70]

Ein den Tod Petri überdauerndes Wächteramt
„Fels"[71] ist alttestamentliches und frühjüdisches Gottesprädikat; es kann auch diejenigen auszeichnen, die Gottes Sache in seinem Volk voranbringen: der Anfänger Abraham, der Messias – und schließlich Simon Petrus. Die eschatologische Gemeinde – so erhofft es auch die Gemeinschaft von Qumran – ist auf Felsgrund gegründet: auf Gott selbst, auf Personen, die ihm ganz vertrauen (vgl. 1 QH VI, 25–27), auf „lebendige Steine".

Die Verheißung, dass die Todesmächte die Ekklesia nicht überwältigen, ist kein magischer Zuspruch, sondern die Herausforderung an den Grundstein, auch Verschlussstein gegen die Todesfluten zu sein. Auch diese Verheißung kündigt ein den Tod Petri überdauerndes Wächteramt an.

7. Notwendiges und Bleibendes: Petrus als ‚Hirt'

Die Sukzession der ‚Hirten' ist im Neuen (wie schon im Alten) Testament deutlich ausgeprägt. In den Evangelien ist Jesus als Hirte gezeichnet, der „die verlorenen Schafe des Hauses Israel" (Mt 10, 6; 15, 24), die „Schafe ohne Hirten" (Mk 6, 34 par Mt 9, 36) neu sammelt und führt. Der kleinen Herde der Jünger bzw. der Zwölf geht Jesus wie der Hirte voran (vgl. Mk 10, 32; 14, 28; 16, 7) – und konsequent schildert die österliche Szene am See, wie Jesus an seiner Stelle nun Simon Petrus zum Hirten bestellt. Das Hirtenamt ist ein Nachfolgeamt.

---

[70] *Walter Grundmann*, Das Evangelium nach Matthäus (Theologischer Handkommentar zum Neuen Testament I), Berlin 1968, S. 388.
[71] Vgl. *Roland Minnerath*, Pierre S. 31–36; *Christian Grappe*, Temple S. 88–103; *Rudolf Pesch*, Art. Fels, in: Lexikon für Theologie und Kirche ³III, 1995, Sp. 1223–1224.

Vom Oberhirten bestellter Hirt

„Hirte"[72] ist eines der großen alttestamentlichen Bilder, mit denen JHWHs Verhältnis zu seinem Volk bezeichnet wird: Der Hirte führt, sorgt vor, befreit und stiftet Gemeinschaft. Er tut dies durch von ihm bestellte Hirten, Mose, Könige, Führer des Volkes, die ihrerseits (wie David) JHWH als Hirten haben (Ps 23,1; vgl. GenR 59, 5). Der Messias, „Knecht" und „König" (Ez 37, 24), ist der „gute Hirt" nach dem Herzen Gottes[73]. Petrus ist von ihm, dem Oberhirten, bestellter Hirt, mit der umfassenden Sorge für die Herde betraut: verantwortlich für Frieden, Gerechtigkeit, Einheit und Einmütigkeit im erneuerten Volk Gottes.

Jesu Sorge um Petrus erscheint (z. B. im Licht von Ez 34, 16 LXX) als Hirtensorge; er will den Hüter der Brüder stärken und für seine Stärkungsaufgabe ausrüsten. Hirt (*poimän*) und Hüter (*episkopos*; vgl. Jer 23, 2; Ez 34,11) ist der Apostel nach dem Vorbild des Messias, der allen das Erbarmen Gottes nahegebracht hat.

Als Mit-Presbyter mahnt Petrus: „Sorgt als Hirten für die euch anvertraute Herde", und er verweist die Presbyter auf den „obersten Hirten" (1 Petr 5, 1–4). Wie Jesus Israel nicht ohne Hirten bleiben ließ, so auch die Apostel die Kirche. Und Petrus, zum Hirten anstelle Jesu bestellt, bedarf eines Nachfolgers.

---

[72] Vgl. zum Hirtenbild in der biblischen und außerbiblisch jüdischen Tradition: *Elena Bosetti*, Il Pastore. Cristo e la chiesa nella prima lettera di Pietro (Associazione Biblica Italiana, Supplementi alla Rivista Biblica 21), Bologna 1990, S. 227–258; *Dies.*, La tenda e il bastone. Figure e simboli della pastorale biblica, Torino 1992; *Beate Kowalski*, Die Hirtenrede (Joh 10,1–18) im Kontext des Johannesevangeliums (Stuttgarter Biblische Beiträge 31), Stuttgart 1996 (Lit.).
Zur Aufseher-(= Episkopen)funktion der Hirten vgl. auch *Lothar Wehr*, Petrus S. 207–212.

[73] *Elena Bosetti* (s. Anm. 72), S. 241, summiert: „Per gli esegeti giudaici, il titolo di pastore applicato a Dio evoca le dimensioni di misericordia e di providenza." So ist auch Jesus als messianischer Hirt gezeichnet: Mt 15, 24; Mk 6, 34 par Mt 9, 36. Vgl. zum Thema umfassender Hirtensorge: *Rudolf Pesch*, Über das Wunder der Brotvermehrung. Gibt es eine Lösung für den Hunger in der Welt? Frankfurt/Main 1995, bes. S. 106ff.

VI
Petrus als Typus

Wir waren für diese Untersuchung u. a. von den Arbeiten von Jürgen Roloff und Ulrich Luz ausgegangen, weil sie für die gegenwärtige Beurteilung des neutestamentlichen Petrusbildes repräsentativ sind. Wir notierten jedoch ihre Inkonsequenz: Sie stellen Petrus vor allem als Urbild des „Jüngers" dar und machen die Dimension des Apostolischen im Bild Petri überhaupt nicht oder nur am Rande sichtbar.

Das Urbild soll nachgeformt werden
Zum Wesen des ‚Typus' gehört, dass er abgebildet und nachgeformt werden soll, dass er geschichtlich wirkmächtig wird, dass das, was er vorausdarstellte, in lebendigen Personen gegenwärtig bleibt.[74] Der Typus ist im biblischen Horizont mehr als ein nachzuahmendes Vorbild, er ist ein verheißenes ‚Vorausbild', die prägende ‚Form' für zukünftige Ausprägungen des Urbilds.

Typologie strukturiert die Heilsgeschichte in der Beziehung von Verheißung und Erfüllung. Die Strahlkraft der Erfüllungsgestalt lässt die Konturen des Typus deutlicher hervortreten.[75]

Im Falle des Petrus und seines ‚Primats' ist besonders wichtig, dass der Kanon des Alten und Neuen Testamentes als ganzer die

---

[74] In 1 Petr 5, 1–4 mahnt Petrus als „Mitältester", der vom „obersten Hirten" ins Hirtenamt eingesetzt ist, die übrigen, sie sollten „als Hirten für die ihnen anvertraute Herde Gottes sorgen", als „Vorbilder" (typoi) für die Herde. Entsprechend ist Petrus ihr Typos – wie Christus der seine. – Wie Roloff und Luz übersieht auch *Lothar Wehr*, Petrus S. 256ff, in der jüngsten Darstellung des mt. Petrusbildes die apostolische Dimension des Typus Petrus, der auf den Jünger (in der positiven wie in der negativen Zeichnung) reduziert wird.

[75] Der biblische Typus partizipiert an einem Proprium der Heilsgeschichte: der Unvorhersehbarkeit des Neuen, das Gottes Handeln an seinem Volk in der Geschichte hervorbringt. Die christliche Geschichtstheologie kennt eine „Kontraktion der Zeit" (1 Kor 7, 29), günstige Konstellationen, plötzliche Illuminationen, eine Gegenwart, die sich ihre eigene Vergangenheit auswählt und ihre eigene Geschichte konstituiert. So wie ein geschichtliches Faktum durch die Geschichtsschreibung erinnernd konstituiert wird, so der Typus als exakt der Vorentwurf des in der Geschichte durch seine Realisierung Ermöglichten. – Vgl. die Bemühung um eine offenbarungsgemäße Geschichtsauffassung bei: *Stéphane Mosès*, Der Engel der Geschichte. Franz Rosenzweig – Walter Benjamin – Gershom Scholem, Frankfurt a. Main 1994.

Figur dieses Amtsträgers und seines Amtes so konturiert, wie sie (wohl schon vorher und) dann zunehmend wirksam wurde.

Wird die Gestalt des Petrus als die Kirche bewahrender „Fels", sie ordnender „Schlüsselträger", die Brüder durch seinen Dienst stärkender „Erster" und die Herde sammelnder, führender und schützender „Hirt" in ihrer typologischen Qualität begriffen, so heißt das folgerichtig, dass Petrus durch sein Amt die künftige Kirche, d. h. konkret Nachfolger in seinem Amt formen und prägen sollte.

Entscheidend ist nun die – in der Exegese durch einen wachsenden Konsens bekräftigte – Einsicht, dass die Gestalt der Apostel, vorab des Petrus und des Paulus, und eben auch die des Petrus als des mit dem universalen Lehr- und Hirtenamt betrauten „Ersten", in den neutestamentlichen Schriften zunehmend zum Typus verdichtet worden ist; dies geschah gerade auch in den pseudepigraphen Spätschriften des ersten und zweiten Petrusbriefs (aus der „Petrusschule" in Rom), die Petrus gegenwärtig setzen in Ausübung seines Amts. Und dies geschah auch bei der Komposition des Kanons, in dem Petrus der überragende Typus wurde.

1. Wofür ist Petrus Typus?

Petrus ist, wie wir bei der Vorstellung der Arbeiten von Roloff und Luz gesehen haben, als Typus der neutestamentlichen Überlieferung erkannt. Andere ‚Typen' sind der Lieblingsjünger im Johannesevangelium und Paulus in den Pastoralbriefen. Doch sie werden im Kanon als ganzem nicht in derselben Weise wie Petrus als gesamtkirchlich bedeutsame Typen vorgestellt. Petrus ist Typus. Der Dissens beginnt erst bei den Fragen: Wofür ist Petrus Typus?

Was beinhaltet das Typus-Sein?
Welche Besonderheiten sind zu beachten, wo Petrus Typus ist?
Petrus ist nicht nur – gesamtkirchlich – Typus des Jüngers, sondern auch des Apostels und des universalkirchlich beauftragten „Felsens", „Schlüsselträgers" und „Hirten" bzw. „Episkopos". Unter den Jüngern und den Aposteln ist er besonders beauftragt, besonders ausgezeichnet, in einer besonderen typischen Funktion vorgestellt.

Petri Typus-Sein impliziert, dass er darstellt, was alle Jünger und alle Apostel ausmacht, darüber hinaus aber auch Einmaliges, was sich nur in Nachfolgern neu zeigt, die das, was ihm besonders gegeben war, vergegenwärtigen.

Im Petrusbild der Evangelien und der Apostelgeschichte ist deutlich, dass Petrus in wechselnden Konstellationen (Jüngergruppen, Zwölferkreis, Apostelkollegium) an allen wichtigen Vorgängen und Entscheidungen beteiligt ist, aber nie die übrigen ohne ihn.

In dem Maße, in dem wahrgenommen wird, dass Petrus im Neuen Testament wirklich Typus des apostolischen Amtsträgers mit gesamtkirchlicher Verantwortung ist, eröffnet sich eine weitere Möglichkeit, auf ein bleibendes Petrusamt zu blicken.

2. Kollegial abgestützte personale Letztverantwortung

Zur Typologie des neutestamentlichen Petrusamtes gehört auch die Einbindung Petri in die Kollegien der Zwölf bzw. der Apostel bzw. sonstiger Jüngerpaare oder -gruppen, die das Petrusbild fast durchgängig prägt. Petrus ist, angefangen vom Markusevangelium, als „kollegiale Leitfigur"[76] dargestellt, die fast immer als Repräsentant des Apostelkollegiums handelt, als dessen Anführer und Sprecher.

Petrus hat freilich inmitten der Zwölf bzw. der Apostel (und auch der ganzen Gemeinde) „kollegial abgestützte personale Letztverantwortung".[77] Er handelt in Einheit mit den Zwölfen bzw. den Aposteln, diese aber nicht ohne ihn. Gerade dieser Umstand gehört zur Einmaligkeit des Petrusbilds im Neuen Testament.

Petrus ist Typus auch für die Apostel und Jünger: Sie sind immer mit ihm, aber nie ohne ihn.

Kollegialität
Besonders aufmerksam ist Lukas in seinem Doppelwerk, in dem der ‚Primat' Petri so deutlich hervortritt, mit dem Phänomen der kollegialen Abstützung der personalen Letztverantwortung des Petrus (einschließlich ihrer Einbindung in die Gesamtgemeinde) umgegangen.[78]

---

[76] *Peter Dschulnigg*, Petrus S. 30 (zum mk Petrus). – Vgl. *Lothar Wehr*, Petrus S. 346f: „Im 2 Petr tritt jedenfalls die Gemeinschaft der Apostel hervor. Petrus ist zwar der (fiktive) Briefschreiber, aber er weiß sich eingebunden in die Gemeinschaft mit anderen Aposteln, zu denen nicht nur Augenzeugen Jesu gehören, sondern auch Paulus."
[77] *Joseph Kardinal Ratzinger*, in: Salz der Erde. Christentum und katholische Kirche an der Jahrtausendwende. Ein Gespräch mit Peter Seewald, Stuttgart 1996, S. 273. Zur „Kollegialität als Ausdruck der Wir-Struktur des Glaubens" vgl. *Ders.*, Primat S. 165–167.
[78] Lukas läßt Petrus gemäß der Anweisung Jesu, der seine Jünger „je zu zweit" aussandte (Mk 6, 7; Lk 10, 1), häufig zusammen mit dem Zebedäiden Johannes auftreten

Erwähnung verdient, dass Matthäus die „Jünger" mit den Aposteln identifiziert hat. Folglich muss offen bleiben, ob er in der an die Jünger gerichteten Rede Mt 18 die Binde- und Lösegewalt Jesu der Ekklesia als ganzer oder den Jüngern = den Aposteln zusagen lässt. Jedenfalls sollte man aus Mt 18, 18 nicht zu rasch folgern, Petri Vollmacht sei auf die Gemeinde übergegangen. Richtig ist, dass sie nach Mt 18, 18 „kollektiv ausgeübt"[79] wird – oder besser „kollegial".

In der Typologie des in das Zwölfer- und Apostelkollegium eingebundenen Petrusamtes erscheint schon strukturell angelegt, was sich für das Zueinander von Primat und Kollegialität (Episkopat), des synodalen und des personalen Prinzips im Lauf der Kirchengeschichte ergeben hat. Und gerade im nachapostolischen Schrifttum des Neuen Testaments wird Petri Gestalt zunehmend zum Typus des gesamtkirchlich Verantwortlichen verdichtet.

---

und agieren, sowohl im Evangelium wie in der Apostelgeschichte. Bei der Nachwahl des Matthias spricht Petrus „inmitten der Brüder" (Apg 1, 15), an Pfingsten „zusammen mit dem Elf" (Apg 2, 14) bzw. mit den „übrigen Aposteln" (Apg 2, 37). Die Zwölf und die Apostel hat Lukas gleichgesetzt (vgl. bes. Lk 6, 13. Lukas folgt älterer Überlieferung, die in Mk 6, 17.30 und Mt 10, 2 begegnet). Petrus und die Apostel bilden eine Handlungseinheit. Im Prozess vor dem Hohen Rat heißt es: „Petrus und die Apostel antworteten" (Apg 5, 29). Wo nur von den Aposteln die Rede ist, ist Petrus immer mit vorausgesetzt; die übrigen handeln nicht ohne ihn. So darf man auch unterstellen, dass die Apostel um Petrus in Jerusalem Paulus bei dessen erstem Besuch dort empfangen (vgl. Apg 9, 27f.). – Vgl. dazu auch *Marcel Dumais O.M.I.*, Le rôle des Douze, de Pierre et de Jérusalem dans la fondation de la vie des communautés chrétiennes des Actes, in: Commission Biblique Pontificale, Unité et Diversité dans l'Église (Teologia e Filosofia XV), Città del Vaticano 1989, S. 237–263, bes. S. 249f.

[79] *Peter Dschulnigg*, Petrus S. 211.

VII

Die Weitergabe der Vollmacht des Petrus in der nachapostolischen Zeit

Unbezweifelbar steht fest, „dass es eine ausdrückliche Aussage zur Petrusnachfolge im Neuen Testament nicht gibt."[80] Aber, welche Folgerungen dürfen wir aus dieser Fehlanzeige ziehen? Im Interesse einer kirchenkritisch-biblischen Ekklesiologie wird gerne, wie wir schon sahen, argumentiert, das Felsen-Charisma Petri sei einmalig und könne nicht in das Immer einer amtlichen Sukzession überführt werden. Wir sammeln weitere Einsichten zur Frage der Weitergabe der Vollmacht des Petrus in der nachapostolischen Zeit, welche diese Argumentation als unhaltbar erweisen.[81]

1. Das lukanische Doppelwerk

Man könnte das lukanische Doppelwerk, das fast ein Viertel des Neuen Testaments ausmacht, geradezu als den Versuch beschreiben, die Kontinuität zwischen der apostolischen Zeit (samt dem Ursprung in der Jesuszeit) und der Kirche zur Zeit des Lukas darzustellen. Die Geschichte der apostolischen Zeugen, an deren ers-

---

[80] *Joseph Kardinal Ratzinger*, Gemeinschaft S. 61. – Zur Auseinandersetzung mit diesem Sachverhalt nach wie vor höchst anregend: *Otto Karrer*, Um die Einheit der Christen. Die Petrusfrage, Frankfurt a. Main 1953, S. 171ff.; *Ders.*, Das Petrusamt in der Frühkirche, in: *Erwin Iserloh – Peter Manns* (hg. v.), Reformation. Schicksal und Auftrag. Festgabe Joseph Lortz, Baden-Baden 1958, S. 507–525, z. B. S. 508: „Der Nachfolgegedanke liegt in der Perspektive Jesu, der das alttestamentliche Prinzip anerkannte."

[81] Man wird urteilen dürfen: Selbst wenn wichtige einschlägige Schriften des Neuen Testamentes erst nach dem Tod des Petrus verfasst wurden, ist eine Aussage über einen Petrusnachfolger gar nicht zu erwarten, da weder die Evangelien noch die Apostelgeschichte, die von Petrus zuletzt beim Apostelkonzil spricht, noch die beiden Petrusbriefe, die nicht die römische Gemeinde als Adressaten im Blick haben, dazu einen Anlass boten. Ohnehin hat sich in Rom angesichts der vielen Hauskirchen-Gemeinden der monarchische Episkopat erst später ausgebildet als z. B. in Antiochien. Vgl. dazu *Peter Lampe*, Die stadtrömischen Christen in den ersten beiden Jahrhunderten (Wissenschaftliche Untersuchungen zum Neuen Testament, 2. Reihe, Bd. 18), Tübingen ²1989, S. 334–341.

ter Stelle Petrus steht, wird „von Anfang an" (Lk 1, 2) erzählt. Der Bericht davon wird über Jesus hinaus weitergeführt, bis Petrus den Schritt zu den Heiden getan hat (Apg 10–11).

Der dreizehnte Zeuge
Dann nimmt der „dreizehnte Zeuge", Paulus, den roten Faden der Kontinuität auf. Paulus selbst aber blickt schließlich in seiner großen Abschiedsrede in Milet voraus in die Kirche der Folgezeit: Er spricht die Presbyter der Gemeinde von Ephesus als Vorsteher und Hirten „der Kirche Gottes" an (Apg 20, 28). Diese sehr bewusste Darstellung des Lukas hängt mit einem Grundproblem der nachapostolischen Zeit zusammen: Durch die wachsende Distanz zur Anfangszeit, vor allem aber auch durch das massive Auftreten von Irrlehrern (vgl. Apg 20, 29f) droht ein Kontinuitätsabbruch zu den Ursprüngen. Deshalb vergewissert sich die dritte Generation des apostolischen Ursprungs und Erbes – einmal, indem sie die apostolische Tradition sammelt und niederschreibt, zum anderen aber, indem sie Ämter weiter ausbildet und strukturiert, die das Apostolische weitertragen und sichern.

2. Die beiden Petrusbriefe

Wir haben schon erwähnt, dass die beiden Petrusbriefe wahrscheinlich aus einer „Petrusschule" in Rom stammen, in der – wie z. B. mit dem ersten Klemensbrief – von Rom aus gesamtkirchliche Verantwortung wahrgenommen wird. Die unter dem Namen des Petrus herausgegebenen Briefe vergegenwärtigen die gesamtkirchliche Autorität des in den Evangelien dargestellten und im Corpus Paulinum anerkannten Typus. Und dies geschieht um der Sicherung der apostolischen Tradition als Norm willen.

„Hinter beiden Briefen wird die römische Gemeinde greifbar, die sich als Erbin sowohl des Paulus wie auch des Petrus wusste, der beiden bedeutendsten Apostel, und die deshalb versuchte, Irrlehren in anderen Gemeinden und Kirchenbereichen abzuwehren und die Einheit der Kirche zu fördern."[82]

---

[82] *Otto Knoch* (s. Anm. 55) S. 213. Vgl. *Lothar Wehr*, Petrus S. 214: „Für das Petrusbild des 1 Petr ist der gesamtkirchliche Anspruch kennzeichnend. ‚Petrus', der sich an paulinisches Missionsgebiet, aber auch an nicht-paulinische Gemeinden wendet, verbindet verschiedene Traditionsströme, zu denen auch paulinische Elemente gehören. Petrus ist Vorbild und Autorität in der Kirche. Wichtig ist dabei, dass er der Apostel einer heidenchristlichen Gemeinde ist, was auch dem Petrusbild anderer neutestamentlicher Schriften und dem missionarischen Wirken des Petrus nach seiner Jerusa-

Der erste Petrusbrief
Der erste Petrusbrief „ist nicht nur das Werk eines theologisch bedeutenden christlichen Lehrers, sondern auch die verpflichtende Mahnung und Weisung eines amtlichen Sachwalters der apostolischen Überlieferung der heidenchristlichen Großkirche, repräsentiert vor allem durch die römische Gemeinde."[83]

Der zweite Petrusbrief
Der zweite Petrusbrief, der den ersten voraussetzt, wählt bewusst die Gattung eines Apostel-Testaments; er gibt „unter dem Namen des führenden Apostels eine testamentarische Anweisung für die Kirche seiner Zeit" und weiß sich dazu „berechtigt, weil sie ja nichts Neues vertraten, sondern allein die apostolische Überlieferung neu zur Geltung bringen wollten."[84]

3. Das Corpus der Pastoralbriefe

Ebenso beeindruckend zeigt sich dieser Vorgang der Sicherung des apostolischen Erbes im Corpus der Pastoralbriefe, wo der zweite Timotheusbrief ebenfalls ein Apostel-Testament ist. Auch hier gibt die Bedrohung durch Irrlehrer einen entscheidenden Anstoß, und auch hier wird das Apostolische in die Gegenwart hereingeholt, nun allerdings nicht in der Gestalt des Petrus und der übrigen Apostel, sondern allein in der Gestalt des Apostels Paulus.

---

lemer Zeit entspricht ... Petrus steht für die Integration verschiedener urchristlicher Traditionsströme. Unter dem Namen des Petrus konnte unterschiedliches Material vereint werden ... Damit stellt sich das Verhältnis des Petrus zu Paulus so dar, dass faktisch Petrus Paulus vorgeordnet ist." Zu 2 Petr vgl. S. 355: „Die Berufung auf Petrus, in dessen Autorität das Schreiben verfasst sein will, dient nicht dazu, Paulus herabzusetzen, sondern eher dazu, ihn ausdrücklich fest in die gesamtkirchliche Tradition einzubinden. Unter dem Namen des Petrus wird Paulus noch fester in den Überlieferungsschatz der Kirche eingefügt."
[83] *Ebd.* S. 24.
[84] *Ebd.* S. 252.

Ein dreigliedriges Schema
Das Schema „Parusie des Apostels" aus den authentischen Paulusbriefen wird aufgegriffen.[85] Für Paulus lässt sich dieses dreigliedrige Schema[86] folgendermaßen zusammenfassen:
– Ich schreibe euch hiermit
– und schicke euch einstweilen meinen Mitarbeiter N.N.,
– hoffe aber, bald selber zu euch zu kommen.

Dieses Schema der „apostolischen Parusie" wird in 1 Tim 3, 14–15 angewandt, mehr noch, es ist grundlegend für die literarische Form der Pastoralbriefe insgesamt. Schon bei Paulus selbst vermittelt Timotheus die lebendige Gegenwart des Apostels. Das wird in den Pastoralbriefen ausgebaut: „Timotheus und Titus sind die das apostolische Urbild abbildenden Verkörperungen der nachapostolischen Amtsträger, in denen allen Kirchen die Wege des Apostels aufleuchten, nachdem Paulus selbst nicht mehr kommen kann. Er kommt nun endgültig im Brief und in seinen getreuen Mitarbeitern."[87]

Paulus, ein Urbild des apostolischen Amtes
Die Pastoralbriefe zeigen also sehr deutlich: Paulus wird vergegenwärtigt, indem 1. seine Briefe gesammelt und durch Hinzufügung deuteropaulinischer Briefe aktualisiert werden, und indem 2. er selbst als Urbild und seine Mitarbeiter Timotheus und Titus als das Urbild abbildende Verdichtungen des apostolischen Amtes vor Augen gestellt werden. In den Pastoralbriefen wird „eine von

---

[85] Vgl. zu diesem Schema bei Paulus: *W. R. Funk*, The Apostolic Parousia. Form and Significance, in: *W. R. Farmer – C. F. D. Moule – R. R. Niebuhr* (ed.), Christian History and Interpretation. Studies presented to John Knox, Cambridge 1967, S. 249–268; in den Pastoralbriefen: *Werner Stenger*, Timotheus und Titus als literarische Gestalten, in: Kairos 16 (1974) 252–267; *Gerhard Lohfink*, Paulinische Theologie in der Rezeption der Pastoralbriefe, in: *Ders.*, Studien zum Neuen Testament (Stuttgarter Biblische Aufsatzbände, Neues Testament 5), Stuttgart 1989, S. 291–343, bes. 336–341.
[86] Vgl. vor allem Röm 15, 14–33; 1 Kor 4, 14–21; 2 Kor 12, 14 – 13, 13; Phil 2, 19–24 und 1 Thess 2, 17 – 3, 13.
[87] *Gerhard Lohfink* (s. Anm. 85), S. 338f. – *Michael Wolter*, Die Pastoralbriefe als Paulustradition (Forschungen zur Religion und Literatur des Alten und Neuen Testamentes 146), Göttingen 1988, S. 270, meint, Paulus sei für die Gemeinden der Pastoralbriefe sogar „ein unaufgebbarer Bestandteil ihrer christlichen Identität"; ähnlich formuliert *Lorenz Oberlinner*, Die Apostel und ihre Nachfolger, in: *Anton Vögtle – Lorenz Oberlinner*, Anpassung oder Widerspruch. Von der apostolischen zur nachapostolischen Kirche, Freiburg i. Br. 1992, S. 37: „Die ‚zwölf Apostel' im lukanischen Doppelwerk, die ‚Apostel' im Epheserbrief und der ‚Apostel' in den Pastoralbriefen – sie geben die Kriterien, die Anhaltspunkte ab, die die eigene Identität christlicher Gemeinde bestimmen."

Paulus ausgehende personale Sukzession gemeindeleitender Amtsträger zum Programm erhoben."[88]

Dabei ist es wesentlich, dass die Pastoralbriefe den Bischof als den für das „Haus" verantwortlichen Verwalter sehen und so „das Prinzip des Monepiskopats ... zumindest virtuell begründen" und dabei „Lehre und Gemeindeleitung" fest verbinden[89] – eine Verbindung, die sich mit der neutestamentlichen Petrustradition leicht verknüpfen ließ.

Weitergabe des Einmaligen
Dabei ist evident: Die Kategorie des „Einmaligen", die auch für den Paulus der Pastoralbriefe klar gegeben ist, und die Kategorie der „Weitergabe dieses Einmaligen" schließen sich in keiner Weise aus. Auch von den Pastoralbriefen her gesehen ist deshalb die These, die von Matthäus herausgearbeitete Felsenfunktion des Petrus sei einmalig und deshalb nicht übertragbar, ganz unwahrscheinlich. Die Alte Kirche hat da einfach anders gedacht.

4. Die Sicherung des Apostolischen in nachapostolischer Zeit

Als Grundtendenz zeigt sich im lukanischen Doppelwerk, in den beiden Petrusbriefen und in den Pastoralbriefen, also überhaupt in den Spätschriften des Neuen Testaments: Das Vermächtnis der Apostel soll gesichert werden, das Apostolische soll in die nachapostolische Zeit hineingeholt werden, und zwar gerade auch durch das Amt. Diese Grundtendenz bestimmt aber nicht nur die Spätschriften des Neuen Testaments. Sie hat überhaupt für die Sammlung der neutestamentlichen Schriften und die Konstituierung des neutestamentlichen Kanons eine herausragende Rolle

---

[88] *Jürgen Roloff*, Artikel „Pastoralbriefe", in: Theologische Realenzyklopädie XXVI (1996) 50–68, S. 60, wo auch eine Petrus-Paulus-Parallele deutlich markiert ist: In den Pastoralbriefen rückt Paulus „in eine Bedeutung für die Kirche ein, die der Abrahams als Prototyp des Heilsempfängers und Vater der Proselyten im Frühjudentum (Philo, Virt. 219) bzw. als Prototyp des Glaubenden im Urchristentum (Röm 4, 9ff; Gal 3, 6f; Hebr 11, 8f) vergleichbar ist." – Andere Akzente setzt *Lothar Wehr*, Petrus S. 249: „Die Pastoralbriefe berufen sich zwar zu Recht auf Paulus: Sie greifen viele, auch zentrale Anliegen des Apostels auf. Paulus ist der Apostel für sie. Trotzdem ist eine Entfernung von ihm nicht zu verkennen"; und S. 381: In den Past wird Petrus „zwar nicht genannt, ist aber insofern ‚anwesend', als manche Überlieferungen nicht-paulinischen Ursprungs aufgenommen werden, die judenchristlichem Milieu entstammen und sich sonst in Schriften finden, die Petrus als Autorität haben."
[89] *Ebd.* S. 64.

gespielt und gehört deshalb zu dem Autorenwillen, der hinter dem Gesamt des Neuen Testamentes steht.

Auf welche Weise versuchen die Spätschriften des Neuen Testamentes, das apostolische Amt in die Gegenwart der nachapostolischen Kirche hineinzuholen? Die Texte zeigen zwei Möglichkeiten, die allerdings nicht immer scharf getrennt sind, sondern ineinanderlaufen können.

Sukzession
Die Sukzession in der Lehre, der *didache*, und im Amt wird herausgestellt, vor allem durch den Ritus der Handauflegung. In diesem Sinne kennen die Pastoralbriefe bereits ein Schema der Sukzession. Sie geht von Paulus aus, läuft dann weiter über Timotheus und Titus und mündet ein in die Ämter der Ortskirchen.[90]
Auch in der Apostelgeschichte gibt es bereits die Sukzession durch Handauflegung (vgl. 6, 6; 13, 3; 14, 23; 20, 28). Allerdings steht sie bei Lukas im Zusammenhang eines umfassenderen Bemühens, mit den verschiedensten Mitteln die Kontinuität zwischen der apostolischen Anfangszeit und der nachapostolischen Kirche darzustellen. Eine Weitergabe des apostolischen Amtes auf konkret genannte Nachfolger der Apostel, die für die Gesamtkirche zuständig wären, ist im Neuen Testament noch nicht bezeugt.[91]

---

[90] Vgl. vor allem *Heinrich Schlier*, Die Ordnung der Kirche nach den Pastoralbriefen, in: *Ders.*, Die Zeit der Kirche, Freiburg i. Br. ³1962, S. 129–147.
[91] *Eusebius* sah allerdings in 2 Tim 4, 21 denjenigen von Paulus „am Ende des von Rom aus an Timotheus gerichteten Briefes" erwähnt, der „nach dem Martyrium des Paulus und Petrus zuerst den bischöflichen Stuhl der römischen Kirche erhielt: Linus" (Hist-Eccl III, 3,1). Dabei folgt er *Irenäus* (Haer III, 3,3), der ausgeführt hatte, Petrus und Paulus, die seligen Apostel, hätten nach Gründung und Aufbau der Gemeinde in Rom „dem Linus das Amt des Episkopats überantwortet", dessen „Paulus in den Timotheusbriefen gedenke." Doch 2 Tim 4, 21 nennt Linus – ohne Hinweis auf sein Episkopat – einfach neben „Eubulus, Pudens ..., Klaudia und allen Brüdern." Vgl. dazu *Lorenz Oberlinner*, Die Pastoralbriefe. Zweiter Timotheusbrief (Herders Theologischer Kommentar zum Neuen Testament XI/2,2), Freiburg i. Br. 1995, S. 186: „Worauf sich Irenäus, den Eusebius zitiert, für diese Behauptung stützen kann, bleibt allerdings offen. Es ist zumindest auffällig, dass gerade der für die beiden christlichen Autoren bedeutsame Sachverhalt der Einsetzung des Linos als ‚Episkopos der Kirche von Rom' (Eus., h.e. III 13) in 2 Tim in keiner Weise angedeutet wird." Dieser Sachverhalt ist freilich auch ein Argument für eine Frühdatierung vor dem Todesjahr Petri (67/68 n. Chr.). Spätestens an dieser Stelle gewinnen die Datierungsfragen der neutestamentlichen Zeugnisse großes Interesse. Wenn die Apostelgeschichte, der erste Petrusbrief und die Pastoralbriefe aus der Zeit vor dem Jahre 70 stammen sollten, wären die Anfangsspuren apostolischer Sukzession viel früher erkennbar, als die Mehrheit der Forschergemeinschaft bislang annimmt. – Vgl. zur durch *John A. T. Robinson*, Redating the New Testament, London 1976 (leider sehr beschränkt) ausgelösten Diskussion: *Die Datierung der Evangelien*. Symposion des Instituts für wissenschaftstheoretische Grundlagenforschung

Der Apostel als Typus des kirchlichen Amtsträgers
Die zweite Möglichkeit, das apostolische Amt in die Gegenwart hereinzuholen, besteht einfach darin, die Gestalt der Apostel, vor allem die des Petrus oder des Paulus, zur Präfiguration bzw. zum Typus für das kirchliche Amt zu verdichten. Diese Möglichkeit ist die grundlegendere und viel weiter verbreitete. Sie ist realisiert in den Pastoralbriefen, im Epheserbrief, im lukanischen Doppelwerk, in den beiden Petrusbriefen und vor allem in den vier Evangelien.

Neben Lukas haben insbesondere Matthäus und die beiden Petrusbriefe diesen Weg gewählt und der Kirche seiner Zeit ein eindrückliches Bild des Petrus als des Typus des apostolischen Amtsträgers vor Augen gestellt.

Ausprägung in der römischen Gemeinde
Der Kanon des Neuen Testaments stellt der Kirche der nachapostolischen Zeit einen Petrus vor Augen, der Präfiguration des apostolischen Amtes ist, und zwar eines apostolischen Amtes, in dem die fruchtbare Spannung zwischen dem Ersten der Apostel und seinen Mitaposteln nicht aufgehoben ist. Wir haben versucht, dieses Bild in seinen Einzelheiten nachzuzeichnen. Es ist ein Bild voller Verheißung. Es ist aus dem Wissen geboren, dass die Kirche dieses Amt braucht, damit sie von den Todesmächten nicht überwunden wird.

Dass es dann noch relativ lange Zeit brauchte, bis sich dieses Amt entsprechend dem im Neuen Testament vorgegebenen Typus im Amt des römischen Bischofs auszuprägen begann, darf nicht verwundern. Dass diese Realisierung gerade in der römischen Gemeinde begann, ist allerdings, wie wir schon gesehen haben, kein Zufall. Den Weg, der nach Rom führte, gehen wir abschließend noch nach.

---

vom 20.–23. Mai 1982 in Paderborn. Deutsches Institut für Bildung und Wissenschaft, Paderborn 1982, [3]1986; *John A. T. Robinson*, The Priority of John (hg. v. J. F. Coakley), London 1985; *Bo Reicke*, The Roots of the Synoptic Gospels, Philadelphia 1986; *John Wenham*, Redating Matthew, Mark and Luke. A Fresh Assault on the Synoptic Problem, London 1991; *Hans-Joachim Schulz*, Die apostolische Herkunft der Evangelien (Quaestiones Disputatae 145), Freiburg i. Br. 1993, [2]1994.
Andererseits: Wenn das neutestamentliche Apostelbild gerade erst in der dritten Generation – im Rückblick auf die erste – abschließend geformt wäre, könnte dies der Sache nach höchst angemessen sein: Jetzt erst hat sich der Blick in die Tiefe der Geschichte mehrerer Generationen geöffnet. Jedenfalls: Die Rückfrage nach dem Primat Petri sollte für beide Optionen offen sein.

VIII
Jerusalem und Rom – Petrus und Paulus

Die drei ersten Evangelien zeigen den Weg Jesu und der Zwölf von Galiläa nach Jerusalem, wo sie die Verkündigung der Herrschaft Gottes für ganz Israel ausrichten. Dieser Weg hat heilsgeschichtliche Bedeutung.

Die Apostelgeschichte zeigt den Weg der Apostel – repräsentiert durch Paulus, den „dreizehnten Zeugen", – von Jerusalem nach Rom, der mit der Erweiterung und Universalisierung der Reichgottesbotschaft für alle Völker identisch ist. In Rom sind Petrus und Paulus durch ihr Martyrium endgültig zusammengekommen.

1. Heilsgeschichtliche Translation

Die Verlagerung der Mitte des Gottesvolks von Jerusalem nach Rom entsprach keinem Plan, keinem Konzept, sondern entsprang geschichtlicher Fügung. ‚Christentum' meint nicht nur eine Lehre, sondern vor allem eine personale Geschichte zwischen Gott und den Menschen. Ist die ‚Konstellation' (von Ort, Zeit und Personen) geschichtlich greifbarer Ausdruck des geschichtsmächtigen Handelns Gottes an seinem Volk, so scheint das Martyrium der beiden Apostelfürsten am Ausgang der apostolischen Zeit in der Kirche der damaligen Welthauptstadt – die als „Babylon" verstanden wurde –, auch im Kontext des Jüdischen Kriegs und der Zerstörung Jerusalems, als eine solche Konstellation auf, durch die Gott an seinem Volk handelt, zu ihm spricht und den Sinn der Geschichte enthüllt.

„Du wirst deine Hände ausstrecken"
Petrus selbst – so gab der zweite Petrusbrief späterer Deutung den Leitfaden – hatte gewusst, „dass mein Zelt bald abgebrochen wird, wie mir auch Jesus Christus, unser Herr, offenbart hat" (1,14). Das Petrus-Testament nimmt wohl[92] auf Joh 21, 18f Bezug: Jesus deutet

---
[92] Vgl. zur Diskussion *Anton Vögtle*, Der Judasbrief. Der Zweite Petrusbrief (Evangelisch-Katholischer Kommentar zum Neuen Testament XXII), Solothurn u. Düssel-

Petrus, den er soeben ins Hirtenamt eingesetzt hat, an, „durch welchen Tod er Gott verherrlichen würde": „Du wirst deine Hände ausstrecken!"

In Rom wurde für Simon Petrus, der Jesus jetzt auch darin nachfolgen konnte (vgl. Joh 13, 36), das Kreuz aufgerichtet, an dem er sich, wie die Tradition wissen will, kopfunten kreuzigen ließ.

Dass „die Sendung Jerusalems nach Rom übergegangen ist,"[93] rührt daher, dass Petrus und Paulus hier zu Märtyrern wurden – und dass sich die Hinterlassenschaft der beiden Apostel hier auch in besonderer Weise konzentriert. Besonders erstaunlich ist dies bei der Petrustradition.

2. Rom als Kristallisationspunkt der Petrustradition

Petrusüberlieferungen sind in einzigartiger Streuung an den verschiedenen kirchlichen Vororten entstanden, bezeugt und weitergegeben worden; sie spiegeln die gesamtkirchliche Autorität des ersten Apostels, um die auch Paulus gewusst hat und von der er in seinen Briefen sprach; doch in besonderer Konzentration und auffälliger Dichte finden wir, was zu wenig bemerkt und gewürdigt wird, Petrustraditionen in Rom.[94]

Höchstwahrscheinlich hat sich hier um Markus und Silas eine „Petrusschule" gebildet. Die römische Gemeinde hat den stärksten Anteil an der Kanonbildung. Und sie war dafür mit Vorgaben auch bestens ausgerüstet.

---

dorf-Neukirchen-Vluyn 1994, S. 160: „Von allen erwogenen Erklärungen ... ist Joh 21, 18 noch die wahrscheinlichste Basis für V. 14b. Dass der Vf. diese Martyriumsankündigung sogar aus dem Johannesevangelium selbst kannte, lässt sich nicht ausschließen."

[93] *Joseph Kardinal Ratzinger*, Gemeinschaft S. 67.

[94] Vgl. *Ulrich Luz*, Matthäus S.469: „Petrus wurde geographisch in der ganzen Kirche, nicht nur z. B. lokal in Syrien oder Rom, und theologisch in allen Bereichen des Christentums, nicht nur z. B. im Judenchristentum, zur Grundgestalt. Hier besteht ein relativer Unterschied zu anderen Grundgestalten wie Paulus oder dem Herrenbruder Jakobus. Das Besondere am nachapostolischen Petrusbild ist, dass Petrus am deutlichsten zur Gründergestalt der Gesamtkirche wird."

Exkurs II: Zu den übrigen Überlieferungsorten der Petrustradition:

Jerusalem – Palästina

In Jerusalem hat Simon Petrus – nach der altkirchlichen Überlieferung mit den Elfen – zwölf Jahre inmitten der ersten Gemeinde, als ihr Leiter und als Leiter der Judenmission in Palästina, gelebt. Hier hat er auch das grundlegende Kerygma, wie es seine Reden in der Apostelgeschichte noch spiegeln, formuliert und die Sammlung der Jesustradition mitverantwortet. Aus der Jerusalemer Urgemeinde stammt zunächst die im Markus-Evangelium weithin unversehrt aufgehobene alte Passionsgeschichte, die gewiss von der Überlieferungsautorität des Petrus getragen war, begann sie doch mit dem Messiasbekenntnis des Petrus bei Cäsarea Philippi und endete sie doch auch nicht zufällig mit dem Auftrag des Engels an die Frauen beim Grab Jesu: „Nun geht und sagt es seinen Jüngern, vor allem Petrus" (Mk 16, 7).

Aus Jerusalem stammen – wenn auch über Antiochien vermittelt – gewiss auch die Überlieferungen über die ersten zwölf Jahre, in denen Petrus hier wirkte, die Lukas in den ersten zwölf Kapiteln der Apostelgeschichte verarbeitet hat. Schließlich kommen aus Jerusalem auch – von Petrus (mit)verantwortete – grundlegende Traditionen, die Paulus im ersten Korintherbrief zitiert: die Herrenmahltradition (1 Kor 11, 23–25) und die Bekenntnistradition (1 Kor 15, 3–7), die Petrus als Empfänger der Protophanie nennt.

Antiochien – Syrien

Antiochien wurde durch die Vertreibung der Hellenisten, der griechischsprechenden Judenchristen aus Jerusalem, schon früh zu einer Tochtergemeinde Jerusalems. Durch die Zusammenarbeit von Barnabas, dem Jerusalemer Delegaten, und Paulus, dem ehemaligen Verfolger der Gemeinde, der inzwischen Petrus in Jerusalem besucht hatte und dann in seine Heimat Tarsus gegangen war, von wo ihn Barnabas nach Antiochien holte, entwickelte sich die Antiochenische Gemeinde – freilich zunächst an Jerusalem gebunden – zu großer Selbständigkeit. Antiochien war wohl insbesondere für die Übersetzung der aus Jerusalem stammenden aramäischen Traditionen in die bald überwiegend griechischsprachigen Gemeinden in der Asia und in Europa von besonderer Bedeutung. Und Petrus, der nach späterer kirchlicher Tradition (seit Origenes, Hom in Luc 6) hier sieben Jahre Bischof gewesen sein soll, war auch in Antiochien ein besonderer Traditionsträger.

Höchstwahrscheinlich ist in der Antiochenischen Gemeinde das an – gewiss zum Teil auch aus der Urgemeinde stammenden – Petrustraditionen besonders reiche Matthäusevangelium entstanden. Und bis zum Ende der neutestamentlichen Zeit hat sich in dieser Gemeinde, wie ihr Bischof Ignatius bezeugt, auch der Monepiskopat ausgebildet – eingebunden in das von Presbytern und Diakonen getragene und von der Versammlung mitverantwortete apostolische Leben. Nach den Pseudoclementinen (Hom 20, 23; Rec 10, 68–71) steht die Cathedra Petri in Antiochien.

Die ursprünglich aus Jerusalem stammenden, z. T. aber wohl schon durch die Hellenisten nach Antiochien gelangten Traditionen, die in der ersten Hälfte der Apostelgeschichte verarbeitet wurden, haben die antiochenische Petrustradition zweifellos mitgeprägt.

Korinth – Achaia
Ob Petrus, wie der erste Korintherbrief anzudeuten scheint (1 Kor 1, 12; 3, 22; 9, 5), wirklich in Korinth war und wie lange, wissen wir nicht. Möglicherweise ist Petrus auf einer seiner Romfahrten über Korinth gereist, wahrscheinlich aber erst nach Paulus dorthin gekommen. Erst Bischof Dionysius von Korinth (ca. 171 n. Chr.) vertrat, dass Petrus und Paulus „zusammen in unserem Korinth lehrten" (nach Eusebius, Hist Eccl II, 25, 8). Jedenfalls aber setzt Paulus in der dortigen Gemeinde voraus, dass sie Kefas kennt und um seine apostolische Vollmacht weiß. Und Paulus hat ja dort auch das alte Bekenntnis überliefert, das Petrus als Empfänger der Protophanie und vollmächtigen Apostel nennt (1 Kor 15, 3ff).

Die Gemeinde in Korinth ist von Paulus, der hier den ersten Thessalonicherbrief und den Römerbrief geschrieben hat, damit vertraut gemacht worden, dass die Apostel als „Diener Christi und als Verwalter der Geheimnisse Gottes" (1 Kor 4, 1) gesehen werden wollen, sei es Paulus, sei es Kefas. Paulus hat der Gemeinde in Korinth jedenfalls keine Vorbehalte gegenüber Petrus eingepflanzt.

Ephesus – Asia
Wahrscheinlich ist Petrus nie in Ephesus gewesen; wir hören jedenfalls – auch in der altkirchlichen Überlieferung – nichts davon. Der kirchliche Vorort in der Asia ist in besonderer Weise mit Paulus verbunden, der in den drei Jahren seiner Wirksamkeit dort die beiden Korintherbriefe und den Galaterbrief schrieb – sodass dadurch zumindest Petrus auch in den paulinischen Gemeinden bestens bekannt war.

In Ephesus hat sich wohl auch eine Paulusschule gebildet, aus der hier vielleicht der Epheser- und der Kolosserbrief stammen. Sodann ist Ephesus mit dem Presbyter Johannes verbunden, dem Verfasser des vierten Evangeliums und womöglich auch der Apokalypse. Auch über das Johannesevangelium hat Petrus in Ephesus (und der Asia) gesamtkirchliche Autorität gewinnen können.

Gesamtkirchliche Verantwortung
Die römischen Christen waren Empfänger des Römerbriefs. In Rom entstand das Markusevangelium, und wahrscheinlich auch das lukanische Doppelwerk. Der erste Petrusbrief ist ausdrücklich aus Babylon = Rom geschrieben (1 Petr 5, 13), und der zweite Petrusbrief als Testament des Petrus ist ein römisches Dokument wie der zweite Timotheusbrief als Testament des Paulus. Schließlich reiht sich der erste Klemensbrief, der die Autorität Petri und Pauli in der römischen wie in der korinthischen Gemeinde bezeugt, hier

noch an; er spiegelt vor allem das gesamtkirchliche Verantwortungsbewusstsein der Gemeinde in Rom.

Mit der Zeit, in der die römische Gemeinde alle diese Dokumente (und dann noch die durch den sich in Rom ausbildenden neutestamentlichen Kanon hinzukommenden) als eine Einheit las und in der sich aus dem Episkopenamt der Monepiskopat, das Amt des einen Bischofs, entwickelt hatte, konnte sie das entdecken, was aus den Petrustraditionen in ihren Primat eingegangen war.

3. Petrus und Paulus

Wenn „Communio durch Stellvertretung" das Prinzip der biblischen Heilsgeschichte ist[95], leuchtet uns die *koinonia*, die Gemeinschaft zwischen Petrus und Paulus und die Verbindung von Jerusalem und Rom – beide gehören nach Jerusalem, beide nach Rom – in diesem Licht wirklich auf.

Nach dem Bericht über das Jerusalemer Abkommen, den Paulus in Gal 2, 9 vorgelegt hat, „gaben Jakobus, Kefas und Johannes, die als ‚Säulen' Ansehen genießen, mir (Paulus) und Barnabas die Hand zum Zeichen der Gemeinschaft: Wir sollten zu den Heiden gehen, sie zu den Beschnittenen."

Gemeinsam verantwortete Stellvertretung
Was wie ein bloßer kirchenpolitischer Kompromiss erscheinen könnte und häufig auch so interpretiert wird, erweist sich einer Auslegung, die darauf achtet, dass mit den „Säulen" Grundfesten im Haus kirchlicher *Communio* im Blick sind und mit dem Wort „*koinonia*" das Prinzip der Stellvertretung mit angesprochen ist, als ein in anderer Hinsicht höchst bedeutsamer Vorgang: Jakobus, Kefas und Johannes auf der einen Seite und Barnabas und Paulus auf der anderen grenzen nicht einfach Ressorts oder Zuständigkeiten ab, sondern sie treten in eine gemeinsam verantwortete Stellvertretung ein, die man nicht abgrenzen kann (weshalb ja dann auch sowohl Petrus Heidenmissionar wie Paulus Judenmissionar werden bzw. bleiben).

Die Hand der Gemeinschaft, welche die Säulen und die antiochenischen Delegaten in Jerusalem ausstrecken und ergreifen, besiegelt: Dass Christus für die vielen, für die Gesamtheit Israels, starb,

---

[95] *Karl-Heinz Menke*, Stellvertretung S. 325.

das soll nach Gottes Willen für alle gelten, für die ganze Völkerwelt. Zu den Beschnittenen gehen heißt: den Heiden dienen, und zu den Unbeschnittenen gehen: den Juden dienen. Jerusalem und Rom sind aufeinander verwiesen. Petrus und Paulus stehen dafür.

4. Hinweise auf eine Weitergabe des Primats Petri in Rom?

Merkwürdigerweise setzt der erste Klemensbrief noch vor der Jahrhundertwende, rund dreißig Jahre nach dem Martyrium Petri, in der römischen Kirche das Bewusstsein voraus, dass die Amtssukzession schon „seit langen Zeiten" vorgesehen ist und gilt, schon seit Mose. Und so ist es der römischen Gemeinde offenbar auch selbstverständlich, dass „unsere Apostel" – und damit sind jedenfalls Petrus und Paulus gemeint – Episkopen eingesetzt haben „und danach Anweisung gaben, es sollten, wenn sie entschliefen, andere bewährte Männer deren Dienst übernehmen" (1 Klem 44, 2).

Keine Neuerung
Für den ersten Klemensbrief ist die Amtseinsetzung von Nachfolgern keine Neuerung; die Apostel „predigten in Ländern und Städten und setzten nach vorausgegangener Prüfung im Geiste ihre Erstlinge zu Episkopen und Diakonen für die künftigen Gläubigen ein. Und dies war nichts Neues, stand ja doch seit langem über Episkopen und Diakone geschrieben. Denn so sagt irgendwo die Schrift: ‚Ich werde einsetzen ihre Episkopen in Gerechtigkeit und ihre Diakone in Treue'" (42, 4–5).

Wie selbstverständlich ihr Amt und Amtssukzession ist, gibt die römische Gemeinde damit zu erkennen, dass sie in das Zitat aus Jes 60, 17LXX zu den dort genannten Episkopen ohne weiteres die Diakone hinzufügt und dann fortfährt: „Und was Erstaunliches ist dabei, wenn die von Gott in Christus mit einem solchen Werk Betrauten die eben Genannten einsetzten?"

Das Vorbild des „seligen Mose"
1 Klem verweist auf das Vorbild des „seligen Mose" (43, 1) und erzählt Num 17, 16–26 frei nach. Schließlich urteilt die römische Gemeinde, dass diejenigen, die von den Aposteln „oder hernach von anderen angesehenen Männern unter Zustimmung der gesamten Gemeinde eingesetzt wurden, untadelig der Herde Christi in Demut dienten" (44, 3; an Apg 20, 28 und 1 Petr 5, 2f erinnernd).

Erschien es der Gemeinde in Rom als Selbstverständlichkeit, dass es nach der Sendung Jesu und seiner Apostel eine Sukzession gibt, weil das in der Geschichte des Gottesvolks seit Mose schon so geübt und vorgesehen war? Der erste Klemensbrief hält uns an, das Alte Testament zu befragen.[96]

5. Die römische Gemeinde – Ort des Gedächtnisses an das Zeugnis Petri und Pauli

Der erste Klemensbrief erinnert auch daran, dass Petrus und Paulus, die beiden „tapferen Apostel", in Rom „Zeugnis abgelegt" (4, 3–4.7) haben. Die Gemeinde in Rom ist Zeuge des Martyriums der beiden Apostel, die mit ihrem Zeugnis, das sie schriftlich hinterließen oder das in ihrem Namen Eingang in den Kanon fand, der Kirche das maßgebliche Maß ihres Anfangs zum weitaus überwiegenden Teil hinterlassen hatten.

Die größere Agape der Apostelfürsten
Petri und Pauli „joint martyrdom sealed their joined witnessing"[97].
Der römischen Gemeinde ist mit ihrem Bischof der Auftrag des Siegel-Bewahrers zugefallen; sie tragen die Verantwortung für die Einheit mit und unter allen Ortskirchen der Welt, mit der Sendung Jesu Christi und mit dem Zeugnis seiner Apostel; sie sind verantwortlich für das „Festhalten an der Lehre der Apostel" und für die in allen Spannungen bewahrte Einheit, für „das Festhalten an der *koinonia*" (Apg 2, 42).

---

[96] Vgl. dazu *Ernst Dassmann*, Die Bedeutung des Alten Testamentes für das Verständnis des kirchlichen Amtes in der frühpatristischen Theologie, in: Ämter und Dienste in den frühchristlichen Gemeinden (Hereditas 8), Bonn 1994, S. 96–113.
[97] *William R. Farmer & Roch Kereszty O. Cist.*, Peter S. 5. – Vgl. auch *Pierre Grelot*, Pierre et Paul fondateurs de la ‚primauté' romaine, in: Istina 27 (1982) 228–268, der von Martyrium der beiden Apostel als „acte fondateur" (229) für die Sukzession in Rom spricht. – Zur Bedeutung des Martyriums für das Petrusamt vgl. auch *Joseph Ratzinger*, Primat S. 173. Ferner: *Eduard Lohse*, Petrus und Paulus, in: Jahres- und Tagungsberichte der Görresgesellschaft 1995, Köln 1995, S. 51–67. – *William R. Farmer* S. 51 urteilt: Die – zeitweise gespannte – Partnerschaft zwischen Petrus und Paulus „may well have allowed for an authority of Peter which expresses itself in guarding and strengthening the *koinonia* of faith of all the apostles in his being chief-shepherd, while at the same time it allowed for an authority of Paul which expresses itself in charismatic foresight and theological depth". Ähnlich sieht das Johannesevangelium das Miteinander Petri und des Lieblingsjüngers. Petri ‚Primat' ist nichts Isoliertes, sondern etwas Konstelliertes. Auch wenn politische Faktoren eingewirkt haben, kann man nicht behaupten, die *translatio* von Jerusalem nach Rom bedeute eine willkürliche oder erzwungene Legitimierung faktisch gewordener Machtkonstellationen. – Zur ursprünglichen Bedeutung Jerusalems für die Einheit der Kirche vgl. *Marcel Dumais O.M.I.* (s. Anm. 78), S. 256–262: „Le rôle de l'église de Jérusalem est de veiller à la communion entre les communautés chrétiennes" (S. 262).

„Das Martyrium des Petrus in Rom legt den Ort fest, wo seine Funktion weitergeht",[98] in der Gemeinde, „die den Vorsitz in der Agape führt" (IgnRöm Präskr.) – weil ihre Apostel „wie gute Hirten ihr Leben hingegeben" und so „die größere Agape" erwiesen haben (vgl. Joh 10, 11; 15, 13).

Die Gemeinde von Rom
Dass vom Bischof von Rom fast ausschließlich und der Kirche bzw. Gemeinde von Rom fast gar nicht die Rede ist, ist eine beklagenswerte Verengung, die sich wohl daher leitet, dass die Gemeinde auf dem Weg der Reichskirche die Qualität ihres apostolischen Lebens verlor, während ihr Bischof mit der Fülle neuer, auch politischer Aufgaben immer deutlicher als der Diener der Einheit der Gesamtkirche hervortrat.

Die Erneuerung der Kirche Roms, die Papst Johannes Paul II. angesagt hat, hätte gewiss auch diese Bedeutung: den Bischof von Rom wieder in einer Gemeinde zu beheimaten, die mit ihm zusammen zum Zeugen der Einheit von Petrus und Paulus und zum Zeugnis der *vita apostolica* wird.

Repräsentation der Koinonia
In Jerusalem war mit Petrus und den zwölf Aposteln die „ganze Gemeinde" in die Gesamtverantwortung eingebunden (vgl. Apg 1, 15; 6, 2; 11, 1.18.22; 15, 22). Der Bischof von Rom bedarf also auch – um der Repräsentation der *koinonia* willen – der Einbindung in seine Gemeinde und der Stützung durch sie. Der Gemeinde in Rom kommt so universale Verantwortung zu; sie soll in der Bindung an das Erbe ihrer Apostel dem jeweiligen Petrusnachfolger durch das Zeugnis ihrer *communio* mit ihm und untereinander helfen.

In diesem Auftrag ist die Gemeinde in Rom, „die Kirche Gottes, die in Rom in der Fremde wohnt" (1 Klem, Präskript), nicht durch die Amtsträger der Weltkirche ersetzbar, und insofern hat sie ihren Anteil an der Hirtenaufgabe ihres Bischofs.

Die Verantwortung, welche die Kirche von Rom, die Gemeinde und ihr Bischof, für die Einheit, auch die von Amt und Charisma, trägt, – sie wurzelt in der konkreten Geschichte des ersten und des letzten Apostels. Beide haben ihr die Sorge um die Einheit anvertraut, besonders auch die um die Einheit mit der jüdischen Wurzel der Kirche.

---

[98] *Joseph Kardinal Ratzinger*, Gemeinschaft S. 67.

IX
Die Vollmachten Petri nach dem neutestamentlichen Petrusbild

Die Vollmachten Petri werden meist nicht umfassend in den Blick genommen, sondern amtstheologisch verengt. Deshalb scheint es sinnvoll, ja notwendig, einmal einen umfassenderen Überblick zusammenzustellen und so unser Petrusbild zu weiten.

1. Missionsvollmacht[99]

Wie alle Zwölf und alle Apostel ist Simon Petrus zur Verkündigung der Nähe der Gottesherrschaft (Mt 10, 7; Lk 9, 2), der Umkehr (Mk 6, 12) zur Sündenvergebung (Lk 24, 47) und des Zeugnisses von der alle Verheißungen erfüllenden Geschichte des Messias Jesus autorisiert.

Zusammen mit Andreas (Mk 1, 17 par Mt 4, 19) gilt ihm Jesu Verheißung, er wolle ihn zum Menschenfischer machen. Und nach dem reichen Fischfang[100] empfängt „Simon Petrus", der sich als Sünder bekennt, allein Jesu Wort: „Von jetzt an wirst du Menschen fangen" (Lk 5, 10). In der nachösterlichen Variante dieser Erzählung gelingt Petrus – wieder auf Jesu Wort hin – der große Fang mit den 153 Fischen, bei dem trotz der Fülle das Netz nicht reißt (Joh 21, 1–11).

Paulus weiß um die dem Kefas verliehene Vollmacht und Kraft der Judenmission (Gal 2, 7f): Gott hat sie ihm gegeben. Die Apostelgeschichte überliefert Missionspredigten des Petrus[101] und berichtet von seinen Missionserfolgen bei Juden und Heiden. Sie

---
[99] Vgl. dazu *Rudolf Pesch*, Voraussetzungen und Anfänge der urchristlichen Mission, in: *Karl Kertelge* (hg. v.), Mission im Neuen Testament (Quaestiones Disputatae 93), Freiburg i. Br. 1982, S. 11–70 = in: Theologisches Jahrbuch 1987, Leipzig 1987, S. 332–373. Auch *Peter Stuhlmacher*, Weg, Stil und Konsequenzen urchristlicher Mission, in: Theologische Beiträge 12 (1981) 107–135.
[100] Vgl. dazu *Rudolf Pesch*, Der reiche Fischfang (Lk 5, 1–11/Jo 21, 1–14). Wundergeschichte – Berufungserzählung – Erscheinungsbericht. Düsseldorf 1969; *Ders.*, La rédaction lucanienne du logion des pêcheurs (Lc. 5,10), in: Ephemerides Theologicae Lovanienses 46 (1970) 413–432, mit Nachtrag in: L'Évangile de Luc (Bibliotheca Eph.Theol.Lov. 32), Leuven ²1989, S. 113–154 und 313–315.
[101] Zu den Missionspredigten der Apostelgeschichte vgl. *Rudolf Pesch*, Die Apostelgeschichte (Apg 1–12), S. 42–45.

spricht ihm sogar die Eröffnung der Heidenmission zu (Apg 10, 1 – 11, 18), bei der Petrus ganz als der vom Geist Gottes Geführte erscheint. Auf dem Apostelkonzil erinnert Petrus daran: „Brüder, wie ihr wisst, hat Gott schon längst hier bei euch die Entscheidung getroffen, dass die Heiden durch meinen Mund das Wort des Evangeliums hören und zum Glauben gelangen sollen" (Apg 15, 7). Petrus ist Juden- und Heidenmissionar.

2. Exorzistische Vollmacht, Heilungsvollmacht [102]

Die Evangelien verbinden die Missionsvollmacht der Jünger und Apostel – weil die Gesandten wie der Sendende sein sollen: die Apostel wie Jesus, der Dämonen austrieb und Kranke heilte – durchweg mit exorzistischer Vollmacht und mit Heilungsvollmacht (vgl. Mk 3, 14f par Mt 10, 1; Mk 6, 7.13 par Mt 10, 1.7f/Lk 9, 1f.6; vgl. Lk 10, 17). Das Heil der Gottesherrschaft, deren Nähe die Boten Jesu ansagen sollen, ist umfassend, leibhaftig-konkret.

Die Apostelgeschichte[103] spricht von „den Zeichen und Wundern", die durch die Hände der Apostel (2, 43; 5, 12), besonders durch Petrus (5, 16), geschahen, dessen Schatten sich sogar als heilkräftig erwies (5, 15). Von Petrus wird in Wundererzählungen berichtet, wie er Lahme heilt (3, 1–10; 9, 32–35) und Tote erweckt (9, 36–42), Strafwunder wirkt (5, 1–11) und selbst Befreiungswunder erfährt (5, 17–26; 12, 1–19).

Durch die Wundergeschichten wird in der Apostelgeschichte „im Zusammenhang der Schilderung des Lebens der Urgemeinde deutlich, dass dem eschatologischen Gottesvolk nicht nur die Verheißung, dass ‚kein Bedürftiger unter ihnen' sei (4, 34f mit Dtn 15, 4), gilt, sondern ebenso die Zusage, dass die Krankheiten weggenommen werden können (vgl. Dtn 7, 15)."[104] Und Petrus bürgt in der Gemeinde für den Heilungsauftrag Jesu.

---

[102] Vgl. dazu *Rudolf Pesch*, Der Heilungsauftrag Jesu als Teil des Missionsauftrags der Kirche, in: Ordens-Korrespondenz Heft 1 (1991) 1–16. Zur exorzistischen Vollmacht Jesu und der Zwölf vgl. *Richard H. Hiers*, „Binding" und „Loosing": The Matthean Authorisations, in: Journal of Biblical Literature 104 (1985) 233–250.
[103] Vgl. zu den Wundergeschichten der Apostelgeschichte den Exkurs bei *Rudolf Pesch*, Die Apostelgeschichte (Apg 1–12), S. 141–148. Vgl. S. 207: „Das Zutrauen zu Petrus als Wundertäter erscheint so gesteigert, dass die Leute sogar und wenigstens durch Berührung mit seinem Schatten Heilung erhoffen. Indem die Kranken zur messianischen Gemeinde und deren Leiter, Petrus, Zutrauen gewinnen und glauben, dass durch sie die messianischen Wunder möglich sind, kommt ihnen durch ihr Vertrauen die heilende Kraft zu."
[104] *Ebd.* S. 140.

3. Lehrvollmacht

Vollmacht zu lehren, hat Petrus mit den Elfen vom Auferstandenen erhalten, als er ihnen auftrug, die aus allen Völkern zu Jüngern Gewonnenen „zu lehren, alles zu halten, was ich euch geboten habe" (Mt 28, 20). Im Kontext der Bergpredigt, auf die zurückverwiesen ist, bedeutet dies auch: aus dem Tun der größeren Gerechtigkeit heraus zu lehren (Mt 5, 20), in der Übereinstimmung von Reden und Tun (vgl. Mt 23, 3ff). Durch seine Erwählung zum Offenbarungstradenten (Mt 16, 18f) wird Petrus zum bevollmächtigten Lehrer der *Ekklesia*, der die verpflichtende Weisung Jesu in Erinnerung rufen und auslegen soll. Und im Kontext des Kanons wird auch deutlich, wie die Gemeinden Petrus diesen Dienst an der entstehenden Kirche und in ihr ausüben sahen.

Er ist – allein und zusammen mit den Zwölfen – der entscheidende Bürge, der das Evangelium Jesu Christi empfängt und weitergibt und für dessen Zuverlässigkeit einsteht. Von seiner Kathedra aus soll – im Unterschied zum Wirken der Schriftgelehrten und Pharisäer, die auf der Kathedra des Mose sitzen (Mt 23, 1f. 13) – das Himmelreich für die Menschen, und zwar aus allen Völkern, nicht verschlossen, sondern geöffnet werden.

Empfänger der ersten Ostererscheinung
Zum Inhalt[105] der Protophanie (Lk 24, 34; 1 Kor 15, 5) gehört, dass Petrus das Verstehen der Geschichte Jesu als messianischer Erfüllung der Verheißungen der Schrift empfängt. Diese Feststellung ergibt sich z. B. aus der Verbindung von Joh 20, 9: „Sie wussten noch nicht aus der Schrift, dass er von den Toten auferstehen musste" – und Lk 24, 26: „Musste nicht der Messias all das erleiden, um so in seine Herrlichkeit zu gelangen?" Der Auferstandene weist aus der Schrift Israels seinen Weg und den Auftrag seiner Zeugen auf (vgl. Lk 24, 36–53).

Lukas hat in seiner Rahmung der Emmauserzählung Petrus als den entscheidenden Osterzeugen deutlich hervorgehoben: Als die Frauen vom Grab zu den Aposteln kommen und ihnen berichten,

---

[105] Dieser Aspekt fehlt in meinem „Versuch": *Rudolf Pesch*, Zur Entstehung des Glaubens an die Auferstehung Jesu. Ein neuer Versuch, in: Freiburger Zeitschrift für Philosophie und Theologie 30 (1983) 73–98 = in: *Paul Hoffmann* (hg. v.), Zur neutestamentlichen Überlieferung von der Auferstehung Jesu, Darmstadt 1987, S. 228–255; französische Fassung in: La Pâque du Christ, Mystère du Salut. Mélanges en l'honneur du Père F. X. Durwell, Paris 1982, S. 51–74.

„erschienen ihnen diese Dinge wie Geschwätz, und sie glaubten ihnen nicht". Petrus reagiert als einziger anders: „Petrus aber stand auf, lief zum Grab. Er beugte sich vor, sah aber nur die Leinenbinden (dort liegen). Dann ging er nach Hause, voll Staunen über das, was geschehen war" (Lk 24, 11f).

Vom Glauben unterschieden, ist das „Staunen" im lukanischen Sprachgebrauch (vgl. Lk 2, 18.33; 4, 22; 9, 43; 24, 41) ganz positiv gewertet und auf den nachfolgenden Glauben hingeordnet. Als die Emmausjünger nach Jerusalem heimkehren, weiß die Versammlung der Elf und der übrigen Jünger inzwischen: „Der Herr ist wirklich auferstanden und dem Simon erschienen" (Lk 24, 34).

Petrus formuliert den Osterglauben
Den Osterglauben verdanken zunächst alle anderen dem Petrus. An Pfingsten führt Petrus dann (z. B. mit Ps 16) den Schriftbeweis dafür, dass Gott den Messias Jesus aus den Fesseln des Todes befreit hat (vgl. Apg 2, 14ff) – und der Erweis dafür ist wiederum die pfingstliche, mit dem Heiligen Geist erfüllte Gemeinde, in der „jetzt geschieht, was durch den Propheten Joël gesagt worden ist" (2, 16ff), und wo die Herzugeströmten erfahren, dass der zur Rechten Gottes erhöhte Jesus den Geist ausgegossen hat, „wie ihr seht und hört" (2, 33).

Nach dem Schriftbeweis mit Ps 110 lehrt Petrus schließlich am Ende seiner ersten öffentlichen Verkündigung: „Mit Gewissheit erkenne also das ganze Haus Israel: Gott hat ihn zum Herrn und Messias gemacht, diesen Jesus, den ihr gekreuzigt habt" (2, 36).

Petrus formuliert „die Lehre der Apostel" (Apg 2, 42). Die Petrusreden der Apostelgeschichte wiederholen und entfalten das von Petrus ausformulierte grundlegende Kerygma. Petrus ist gleichsam das ‚Nadelöhr des Credos' – und der Bürge für seine Gewissheit, seine (unfehlbare) Zuverlässigkeit (*asphaleia*, vgl. Lk 1, 4; auch 2 Petr 1, 19; Phil 3, 1).[106]

Bürge für die Zuverlässigkeit des Glaubens
Der Grund, auf dem diejenigen stehen, die das Evangelium annehmen (vgl. 1 Kor 15, 1f), ist von Petrus in seiner Lehre gelegt worden. Was Paulus „überliefert" und zuvor „empfangen" (1 Kor 15, 3; vgl. 11, 23) hat – in einer Traditionskette –, geht auf Petrus (und über ihn auf den Herrn Jesus) zurück. Paulus hatte ihn, den maßgeblichen Zeugen der Jesustradition, drei Jahre nach seiner Be-

---

[106] Vgl. *Gerhard Schneider*, in: Exegetisches Wörterbuch zum Neuen Testament I, Sp. 423f.

kehrung in Jerusalem aufgesucht (Gal 1, 18). Nach der Schilderung der Apostelgeschichte war Paulus in Jerusalem bei den „Aposteln ein- und ausgegangen" (so, wie zuvor Jesus bei ihnen; vgl. Apg 9, 27f mit 1, 21) und durch sie befähigt worden, ihr Werk fortzusetzen, das auf ihrer Gemeinschaft mit Jesus gründete.

Ausbildung des Lehramts
Im Kontext des Kanons erklärt Petrus, dass diejenigen, die das Evangelium gebracht haben, es „in der Kraft des vom Himmel gesandten Heiligen Geistes" (1 Petr 1, 12) getan haben. Und unter Berufung auf seine eigene Augenzeugenschaft lehrt Petrus in seinem Testament, dass durch Gottes Zeugnis für den Messias Jesus „das Wort der Propheten für uns noch sicherer (*bebaioteron*) geworden ist" (2 Petr 1, 19); er fügt hinzu, dass zu bedenken bleibt, dass „keine Weissagung" der vom Heiligen Geist inspirierten Schrift „eigenmächtig ausgelegt werden darf" (1, 20f).

Die im zweiten Petrusbrief „unter dem Namen des Petrus sich verbergende Lehrerpersönlichkeit beansprucht als Sprecher der rechtgläubigen Kirche durchaus die Fähigkeit zu richtiger, authentischer Schriftauslegung, wie er an späterer Stelle auch gegenüber den als Schriftverdrehern angeprangerten Dissidenten belegen wird (3, 16). Insofern kann man von einem Zeugnis für das sich bildende Lehramt sprechen."[107]

Petrus kommt seinem Lehramt, wie es in Mt 16, 18f entworfen ist, gemäß dem zweiten Petrusbrief insofern nach, als er mit seinen Briefen an die Worte der Propheten erinnert und „an das Gebot des Herrn und Retters, das eure Apostel euch überliefert haben" (3,1f) und das die Lebensform der Gemeinden bestimmen soll. Zu den Aposteln als den Vermittlern gehört Petrus selbst als der hauptverantwortliche Lehrer.

4. Disziplinarvollmacht

Dass die Schlüsselübergabe an Petrus mit der Vollmacht des Bindens und Lösens (Mt 16, 18f) Disziplinarvollmacht impliziert, ist anerkannt. Der Gedanke der Kirchenzucht beziehungsweise der Sündenvergebung steht in Mt 18, 18 vom dortigen Kontext her im Vordergrund. In Mt 16, 18f konzentriert Matthäus „diese Voll-

---

[107] *Anton Vögtle* (s. Anm. 92), S. 179. – Auch *Roland Minnerath*, Pierre S. 427ff: Le magistère de Pierre.

macht auf den Gründerapostel Petrus. Es geht um seine ... ganz besondere Vollmacht."[108]

Im Kontext des Matthäusevangeliums wird Petrus bald mit einer Disziplinarfrage befasst: der Steuer für den Tempel in Jerusalem (Mt 17, 24–27). Das nachösterliche Apophthegma lässt die Steuereinnehmer Petrus, den Sprecher der Jünger, fragen. „Angesprochen ist also die Gemeinde; und diese lässt sich dann, wieder in der Gestalt des Petrus, vom ‚einzigen Lehrer' Jesus belehren."[109]

Petrus tritt ein für die Ganzheit und Freiheit des Glaubens
Die Apostelgeschichte zeigt Petrus in der Ausübung von Disziplinarvollmacht in der Erzählung von Hananias und Saphira (5, 1–11): Jedoch, Petrus straft nicht, sondern vertritt als urgemeindliche, ekklesial verbindliche Norm die Ganzheit und Freiheit des Glaubens und des von ihm untrennbaren Lebens. Ähnlich ist es, wenn Petrus gegen Simon Magus und seinen Versuch der „Simonie" einschreitet und ihn „exkommuniziert" (Apg 8, 18–24).

„Der Heilige Geist und wir haben beschlossen"
Auch die Entscheidung und Anordnung des Petrus, die Heiden im Haus des Kornelius zu taufen, kann als Ausübung seiner Disziplinarvollmacht ausgelegt werden (Apg 10, 44–48). Denn Petrus hebt hier – auf göttliche Inspiration durch eine Vision hin, wie die Korneliuserzählung deutlich macht – die Vorschrift des Ritualgesetzes auf, die den Juden hindert, mit Heiden Gemeinschaft zu pflegen. Die Erzählung tut alles, um zu zeigen, wie Petrus durch Gottes Geist geführt wird.

Zusammen mit den Aposteln, den Ältesten und der ganzen Gemeinde verantwortet Petrus die Entscheidung des Apostelkonzils über die beschneidungsfreie Heidenmission und die Minimalauflage der Jakobusklauseln: „Der Heilige Geist und wir haben beschlossen ..." (Apg 15, 28).

5. Versöhnungsvollmacht

Die Vollmacht, zu binden und zu lösen, die Petrus empfängt, wird durch Mt 18, 18 (und Joh 20, 23) als Vergebungs- und Versöhnungsvollmacht ausgelegt. Kaum zufällig tritt Petrus im Gemeindekapitel Mt 18 unter den Jüngern, die Matthäus ja mit den Zwöl-

---

[108] *Ulrich Luz*, Matthäus S. 466.
[109] *Ebd.* S. 531.

fen gleichsetzt, als deren Sprecher hervor, der fragt: „Herr, wie oft muss ich meinem Bruder vergeben?" (18, 21). Und Jesu Antwort weist auf die Vergebung, das Erbarmen, als die Grundlage des gemeinsamen Dienstes hin (vgl. Mt 18, 23-35, bes. V. 33).

Die Umkehrforderung und das Angebot der Sündenvergebung gehören zum Kern der Missionspredigten Petri:[110] „Von ihm (Jesus) bezeugen alle Propheten, dass jeder, der an ihn glaubt, durch seinen Namen die Vergebung der Sünden empfängt" (Apg 10, 43). Petrus selbst hat das Bild eines Lebens aus der Vergebung – neben Paulus, mit dem er auch dadurch verbunden ist – tief geprägt. „Kirche ist auf Vergebung gegründet. Petrus selbst stellt dies in seiner Person dar, er, der als Gestrauchelter wie als Bekennender und mit Vergebung Beschenkter der Träger der Schlüssel sein darf."[111]

6. Leitungsvollmacht

Petri Leitungsvollmacht ist in der Szene Joh 21, 15-17 grundgelegt und in seinem Bild als „Hirt" ausgearbeitet. Sie wirkt sich in allen bisher aufgewiesenen Vollmachten aus. Ihre Prägung im Petrusbild des Neuen Testaments erfuhr sie in der Apostelgeschichte und durch die beiden Petrusbriefe.

Petrus teilt die Leitungsvollmacht mit allen Aposteln, von denen Paulus weiß, dass sie „Gesandte an Christi Statt" sind und dass es „Gott ist, der durch sie mahnt" (2 Kor 5, 20). Paulus legt ein Wort Jesu aus, das nach Matthäus den Zwölfen gilt: „Wer euch aufnimmt, der nimmt mich auf, und wer mich aufnimmt, nimmt den auf, der mich gesandt hat" (Mt 10, 40; vgl. den Rahmen in 10, 5 und 11, 1); nach Lukas gilt es den zweiundsiebzig Jüngern: „Wer auf euch hört, hört auf mich, und wer euch abweist, weist mich ab. Wer aber mich abweist, weist den ab, der mich gesandt hat" (Lk 10, 16; vgl. den Rahmen in 10, 1.17).

Die beiden Petrusbriefe im Kanon können auch als Vollzüge der Leitungsvollmacht des Petrus gelesen werden – und sind dann in vieler Hinsicht sprechend.

---

[110] Vgl. Apg 2, 38f; 3, 19; 5, 31; 10, 43.
[111] *Joseph Kardinal Ratzinger*, Gemeinschaft S. 59f.

X
Die sakramentale Struktur des Primats Petri, abgelesen am neutestamentlichen Petrusbild

Unter den Zwölfen, den Aposteln, ist der „Gesandte" und „Stellvertreter" Petrus in besonderer Weise in die Sendungsrelation ‚Vater-Sohn-Apostel' hineingenommen als der „Fels" und der „Hirte" – in die Repräsentation der Mitte der Ekklesia, der Versammlung der „Brüder".

Wenn wir diese Relation unter dem Gesichtspunkt der Stellvertretung (als biblischer Kategorie)[112] reflektieren, erscheint das Amt, das dem Stellvertreter zukommt, in seinem Dienstcharakter, in seiner sakramentalen Struktur.[113]

Dass die sakramentale Struktur des kirchlichen Amtes gerade am neutestamentlichen Petrusbild so deutlich ablesbar ist, mag überraschend erscheinen – und ist doch höchst sachgemäß.

1. Nicht Fleisch und Blut (Mt 16, 17)

Dass die apostolische Existenz des Petrus als des entscheidenden Garanten und Vermittlers der Offenbarung sich nicht „Fleisch und Blut", seinem natürlichen Herkommen, seinen natürlichen Gaben oder seiner selbstgemachten Erfahrung verdankt, auch nicht seinem Sachverstand, wird in verschiedenen Überlieferungen, die Mt 16, 17 sekundieren, festgehalten.

Simon verdankt seine Sendung der Berufung durch Jesus, dem Mitsein mit ihm. Der neue Name, den er von Jesus erhält, bezeichnet eine neue Existenz im Neubau der Ekklesia. Hier zählt nicht

---

[112] Vgl. dazu *Karl-Heinz Menke*, Stellvertretung.
[113] Vgl. *Joseph Kardinal Ratzinger*, Gemeinschaft S. 107f: „Nichts von dem, was apostolisches Tun konstituiert, ist Produkt eigenen Vermögens. Aber gerade in diesem ‚Nichts' des Eigenen liegt ihre Gemeinschaft mit Jesus, der ja auch ganz vom Vater ist, nur durch ihn und in ihm, und überhaupt nicht bestünde, wenn er nicht ständiges Herkommen vom Vater und Sichzurückgeben an den Vater wäre. Das ‚Nichts' des Eigenen zieht sie in die Sendungsgemeinschaft mit Christus hinein. Diesen Dienst, in dem wir ganz dem anderen übereignet sind, dieses Geben dessen, was nicht aus uns kommt, nennt die Sprache der Kirche Sakrament."

die Berufserfahrung des Fischers, sondern das Vertrauen auf das Wort Jesu: „Auf dein Wort hin will ich die Netze auswerfen!" (Lk 5, 5; vgl. Joh 21, 6).

Petrus muss lernen
Hier muss Petrus erst lernen, alles Widersacherische zu lassen und statt der Menschengedanken Gottes Gedanken zu denken (vgl. Mk 8, 33 par Mt; auch Mk 9, 5f parr). Nach seinem Bekenntnis zu Jesus als Messias versteht er den Leidensweg des Menschensohnes nicht und muss sich als ‚Satan' und ‚Skandalon' schelten lassen: „Er, der von Gott her Felsgrund sein darf, ist vom Eigenen her ein Stein auf dem Weg, der den Fuß zum Stolpern bringen will."[114] Petrus muss erst instandgesetzt werden, ohne Angst, Kleinglaube oder Zweifel mit Jesus auf „dem Wasser zu wandeln" (vgl. Mt 14, 28–31). Nach Joh 6, 66–69 hat Simon Petrus für alle der Zwölf Jesus als den Quellort des Nicht-Eigenen erkannt und bekannt. Und nach der Heilung des Gelähmten an der Schönen Pforte des Tempels bekennt Petrus – der ja zu den einfachen, ungelehrten Leuten gehört (Apg 4, 13) – vor dem Hohen Rat, dass er und Johannes „nicht aus eigener Kraft oder Frömmigkeit bewirkt haben, dass dieser gehen kann" (Apg 3,12).

Bei der Fußwaschung (Joh 13, 1–11) während des letzten Mahls Jesu wird Petrus zum Paradigma aller, die sich vom Meister und voneinander die Füße waschen lassen müssen, damit sie für das Betreten des Hauses Gottes, der Gemeinde des Messias, rein werden. Petrus steht dafür, dass es schwerer ist, diesen Dienst der Reinigung, in dem das hinderlich Eigene weggetan werden muss, an sich geschehen zu lassen, als ihn an anderen zu verrichten.

2. Leben aus der Umkehr und der Vergebung (Lk 22, 32)

Gerade an Petrus, dem „Felsenfundament" wird im Neuen Testament demonstriert, dass die Gnade der Vergebung Kirche konstituiert: „Kirche ist ihrem Wesen nach Ort der Vergebung, und so

---

[114] *Joseph Kardinal Ratzinger*, Gemeinschaft S. 56; vgl. S. 57: „Die Spannung zwischen der Gabe vom Herrn her und dem eigenen Vermögen wird hier auf erregende Weise sichtbar; irgendwie ist darin das ganze Drama der Papstgeschichte vorweggenommen, in der uns immer wieder beides begegnet: dass das Papsttum durch eine nicht aus ihm selbst stammende Kraft Fundament der Kirche bleibt und dass zugleich einzelne Päpste aus dem Eigenen ihres Menschseins heraus immer wieder zum Skandalon werden, weil sie Christus vorangehen, nicht nachfolgen wollen; weil sie glauben, aus ihrer Logik heraus den Weg festlegen zu müssen, den doch nur er selbst bestimmen kann."

wird in ihr das Chaos gebannt. Durch Vergebung wird sie zusammengehalten, und Petrus stellt dies für immer dar."[115]

Der dreimaligen Verleugnung Jesu durch Petrus korrespondieren im Vierevangelienkanon die dreimalige Befragung Petri durch Jesus nach seiner größeren Liebe und die dreifachen Auftragsworte. Und gerade im Zusammenhang der Rede von der Binde- und Lösevollmacht der Jüngergemeinde (Mt 18) tritt unter den Jüngern, die bei Matthäus mit den Zwölfen gleichgesetzt sind, wieder Petrus als ihr Sprecher hervor: „Herr, wie oft muss ich meinem Bruder vergeben?" (Mt 18, 21).

Jesus weist auf die Vergebung als die Grundlage des gemeinsamen „Dienstes" hin (vgl. Mt 18, 23–35, besonders V. 33). Die Kirche ist auf das in der täglichen Vergebung konkrete Erbarmen Gottes gegründet, das im Leben wie im Tod Jesu „für alle" offenbar geworden ist.

Als Trägerin der Binde- und Lösegewalt ist die Ekklesia eine Versammlung von Mit-Knechten (Mt 18, 23) – und in ihrer Mitte darf einer den Dienst des *servus servorum* wahrnehmen.

3. Gegen den eigenen Willen geführt (Joh 21, 18)

Die Existenz aus dem Nicht-Eigenen: der Enteignung für andere, wird als sakramentale Signatur des apostolischen Amtes in den Evangelien auch in besonderer Weise an der Person Petri verdeutlicht: am Märtyrer in der Nachfolge Jesu.

Nach Joh 21, 18 sagt Jesus, der Auferstandene, Simon, dem Johannessohn, den er mit seiner Hirtenaufgabe betraut hat: „Amen, amen, das sage ich dir: Als du noch jung warst, hast du dich selbst gegürtet und konntest gehen, wohin du wolltest. Wenn du aber alt geworden bist, wirst du deine Hände ausstrecken, und ein anderer wird dich gürten und dich führen, wohin du nicht willst" (vgl. auch schon die Ankündigung in Joh 13, 36).

Schon in Gethsemani hatte Jesus Petrus gefragt, ob er nicht wenigstens eine Stunde mit ihm wachen könne im Ringen um den Willen Gottes, der anstelle des eigenen geschehen soll (vgl. Mk 14, 36–37 parr). Dieses Ringen ist Ringen um die Einheit mit Jesus in dessen Einheit mit dem Vater: Ringen um die Teilhabe an der Existenz des Nicht-aus-dem Eigenen, des „Dein Wille geschehe".

---

[115] *Joseph Kardinal Ratzinger*, Gemeinschaft S. 60.

XI

Die historisch-kritische Rückfrage nach Petrus

Blicken wir vom Endtext des Neuen Testaments auf seine geschichtlichen Wurzeln und Vorgaben zurück, so öffnet sich das weite Feld geschichtswissenschaftlicher Hypothesen, die mehr oder weniger Wahrscheinlichkeit beanspruchen dürfen und dem kritischen Disput der Forschergemeinschaft ausgesetzt bleiben. Zwar kann die theologische Legitimität des Bildes vom Primat Petri, welches das Neue Testament überliefert, nicht durch historische Rekonstruktionen in Frage gestellt werden, doch verlangt die Bindung des christlichen Glaubens an Gottes Handeln in der Geschichte die Beschäftigung mit der Geschichte der Glaubensgemeinschaft, in unserem Falle mit Petrus.

Spuren des Primats Petri lassen sich im Leben des „historischen Petrus" erkennen, einmal zu Lebzeiten Jesu, dann in der Zeit bis zum Tod des Apostels. Wir listen so knapp wie möglich die Ergebnisse einer historischen Untersuchung[116] auf.

1. Während des Lebens Jesu

Simon gehört zu den ersten Jüngern Jesu; sein Bruder Andreas, der Jesus im Kreis um Johannes den Täufer begegnete, hat Simon zu Jesus geführt. Im Jüngerkreis ist Simon in die Stellung des „ersten Jüngers" hineingewachsen. Jesus machte sein Haus in Kafarnaum zum Zentrum seiner galiläischen Mission. Er bestätigte, was sich ihm an Simons Nachfolge erwies. Er gab Simon den Übernamen ‚kepha' = ‚Stein', einen Beinamen mit ekklesiologischer Bedeutung: der edle Stein, der Grundstein, der „Eckstein des in den Zwölfen symbolisch wiederhergestellten Zwölf-

---

[116] Vgl. *Rudolf Pesch*, Simon-Petrus S. 9–109 und *Otto Knoch*, Petrus S. 15–20. Ferner: *Carsten Peter Thiede* (Hrsg.), Das Petrusbild in der neueren Forschung, Wuppertal 1987; *Ders.*, Simon Peter. From Galilee to Rome, Grand Rapids, Mich. 1988; *Otto Böcher*, Petrus S. 267–270.

stämmevolks"[117] Israel. Als ‚Amts'-Name wurde er später zum Eigennamen: Petrus.

Simon Petrus als der „Erste"
In der gesamten Evangelienüberlieferung tritt – und wir stoßen damit auch auf glaubwürdige Überlieferung – Simon Petrus als Protagonist der Jünger Jesu bzw. von Jüngergruppen hervor: der drei Vertrauten (Petrus, Jakobus, Johannes; Simon allein Mk 14, 37), der vier ersten des Zwölferkreises (Petrus, Jakobus, Johannes, Andreas) und der Zwölf. Petrus ist ihr „Erster" (Mt 10, 2). Die Tradition reicht mit den alten Listen in die vorösterliche Zeit zurück.

Glaubwürdig ist auch, dass die Nähe zu Jesus durch die Konsequenz praktischer Nachfolge, die Stellung im Jüngerkreis durch die Übernahme einer dienenden Rolle bestimmt wird. Und nicht zuletzt entschied der Ruf Jesu, der nach Mk 3, 13 ‚die zu sich ruft, die er selbst wollte', über Rolle und Position der Jünger.

Mit dem Beinamen ‚Stein' wurde Simon wahrscheinlich anlässlich der Schaffung der ‚Figur der Zwölf' als der „Erste" ausge-

---

[117] Vgl. *Rudolf Pesch*, Simon-Petrus S. 31 – 33; *Ders.* in: Exegetisches Wörterbuch zum Neuen Testament II (1981) Sp. 721–723; III (1983) Sp. 191–201.
J. Duncan M. Derrett, ‚THOU ART THE STONE, AND UPON THIS STONE ...', in: The Downside Review (October 1988) 276–285, pflichtet meiner Deutung der Steinmetapher mit „Edelstein" bei und führt sie weiter mit Hinweis auf Belege für Glaubende als „Steine" und insbesondere auf Jes 28, 16 und Jes 54, 11–12: „All the apostles and (Christian) prophets are foundation along with Christ the corner stone, but Peter's relative priority arose from the priority of his witness and the originality of his vision" (282).
Die Skepsis von *Adolf Kolping*, Fundamentaltheologie Band III. Die katholische Kirche als die Sachwalterin der Offenbarung Gottes. I. Teil: Die geschichtlichen Anfänge der Kirche Christi, Münster 1981, der Kefasname sei Simon nicht von Jesus verliehen worden – „In der ältesten Tradition tritt diese Benennung durch Jesus nicht auf" (735) – und die Zwölf gehörten „in die Zeit des irdischen Jesus, was die zwölf Personen betrifft, aber nicht, was ihre Zusammenfassung als ‚die Zwölf' angeht" (737), entspringt einem letztlich unkritischen Anspruch von Kritik, dem der Umschlag in den Fideismus naheliegt.
James H. Charlesworth, Has the Name „Peter" Been Found Among the Dead Sea Scrolls?, in: *Bernhard Mayer* (hg. v.), Christen, S. 213–225, hat dargelegt, dass nunmehr durch 4QM130 neben semitisch *kepha* und dem Namen *Kepha* auch der griechische Name *Petros* vorchristlich belegt ist. Im Licht der frühen Petrusüberlieferungen, meint Charlesworth, „it is difficult to think of Jesus' Jewish followers creating a name that did not exist among them, concocting before those who had known Jesus and also before a polemical audience an unfounded claim that Jesus had renamed Simon (one of the leaders of the Palestinian Jesus Movement) ‚the Rock', and finally succeeding in misleading all the Evangelists, including the Fourth Evangelist. Hence, Redaction Criticism seems to indicate that the core of the story about how Jesus changed Simon's name to Peter contains some reliable tradition and is not completely redactional" (224).

zeichnet; wenn dabei Jes 28, 16f im Blick war, ist er als Eckstein des erneuerten Israel gesehen. Damit ist dann eine Voraussetzung seiner urkirchlichen Führungsrolle gegeben, auch der Gehalt der Petrus-Felsen-Verheißung Mt 16, 16–19.

Stärkung der Brüder
Die Verheißung wurde, sofern sie Gemeindebildung ist, mit dem Messiasbekenntnis von Cäsarea Philippi nachträglich verbunden, aber folgerichtig: Denn dort verpflichtete sich Petrus als der erste Jünger neu und definitiv auf die Nachfolge Jesu, die jetzt mit dem Zug Jesu nach Jerusalem und mit Jesu Passion in eine neue Bewährung gestellt wurde.[118]

Den Auftrag, die Brüder zu stärken (Lk 22, 31f), sprach Jesus wohl noch vor seinem Tod aus: Petrus soll zur ‚Stütze' der Gemeinde werden, als ‚edler Stein' und Grundstein, als ‚Säule' und als ‚Felsenfundament'.

Blicken wir zurück: Simon, der den ekklesiologischen Beinamen Kefas erhielt, ist in die Mitte der Jünger Jesu und der ‚Figur der Zwölf' berufen worden und hier zuletzt – von Jesus beauftragt – in dessen Stellvertretung eingetreten: in den Dienst der Stärkung der Brüder.

---

[118] *Otto Knoch*, Petrus S. 18, spricht vom Entschluss Jesu, „nach Jerusalem zu gehen, um eine Entscheidung des sadduzäischen Priesteradels, der führenden Gruppe im Hohen Rat, gegenüber seinem Heilbringeranspruch herbeizuführen." *J.-M. van Cangh – M. van Esbroeck,* La primauté de Pierre (Mt 16, 16–19) et son contexte judaïque, in: Revue Théologique de Louvain 11 (1980) 310–324 schließen unter der Voraussetzung, dass die Verklärungserzählung „nach sechs Tagen" (Mk 9, 2 par Mt) aufs Laubhüttenfest datiert ist, auf den großen Versöhnungstag als den Tag von Cäsarea Philippi. Die Verbindung von Simon, Sohn des Jona, mit dem Hohenpriester aus Sir 50, 1 und des Beinamens Kefas mit dem Hohenpriester Kajaphas, die sie auch vorschlagen, muss den ersteren Hinweis nicht entwerten. – *Thomas Schmeller*, Jesus im Umland Galiläas. Zu den markinischen Berichten vom Aufenthalt Jesu in den Gebieten von Tyros, Caesarea Philippi und in der Dekapolis, in: Biblische Zeitschrift NF 38(1994) 44–66, bemerkt: „Gerade der Hinweis darauf, dass das Umland einer hellenistischen Polis, nicht die Stadt selbst sein Ziel war, kann ein Relikt des historischen Sachverhalts sein: Jesus ging zu den jüdischen Siedlungen im Norden und Osten Galiläas ... Jesus schloss die umliegenden Gebiete in seine Wirksamkeit ein, um auch die Vor- und Außenposten Israels zu dem eschatologischen Gottesvolk dazuzuholen, über dem Gott seine Herrschaft aufrichtete" (58).

2. In der Zeit der ersten Gemeinden bis zum Tod Petri

Petrus war *die* führende Apostelgestalt der ersten Jerusalemer Gemeinde und er blieb, solange er im Sichtkreis urkirchlicher Überlieferung erscheint, die führende apostolische Autorität, vor Jakobus, vor Paulus. Er gilt – vielleicht nach den Frauen, aber vor allen Aposteln – der ältesten Überlieferung als Empfänger der Protophanie (Lk 24, 34; 1 Kor 15, 5), durch die ihm die Schrift erschlossen wurde, was ihm an Pfingsten die Rede von der Auferweckung Jesu als dem verheißenen Handeln Gottes an seinem Messias und damit an seinem Volk ermöglichte.

In der ersten Hälfte der Apostelgeschichte
Die Quellen, die Lukas in seiner Darstellung der ersten zwölf Jahre der Urkirche in Apg 1–12 verarbeitet hat,[119] haben die führende Stellung Petri gespiegelt: Nicht nur im Elferkatalog, bei der Nachwahl des Matthias, an Pfingsten, da „Petrus mit den Elfen" (Apg 2, 14) als Sprecher des Zwölferkollegiums hervortritt, auch in der Erzählung vom Straftod von Hananias und Saphira, wo Petrus an der Spitze der Apostel Gemeindezucht übt.

Zu den Leitungsaufgaben der Zwölf gehörte die Verwaltung und Verteilung der freiwillig zur Verfügung gestellten Besitztümer, die Veranlassung der Wahl der sieben Diakone, die Visitation judäischer Gemeinden, die Petrus besorgt, und die Einbindung der Neugründung in Samaria in die kirchliche Communio, die er mit Johannes betreibt.

Von Jerusalem nach Rom
In der Mitte der 30er Jahre besucht Paulus in Jerusalem die maßgebliche Autorität der Kirche: Kefas (Gal 1, 18).[120] Er erwähnt

---
[119] Vgl. dazu *Rudolf Pesch*, Die Apostelgeschichte (Apg 1–12). – Zustimmend zu meiner Sicht der Besonderheit (auch Zuverlässigkeit) der Quellen in Apg 1–6 jetzt: *Rainer Riesner*, Essener und Urkirche in Jerusalem, in: *Bernhard Mayer* (hg. v.), Christen S. 140–155. *Riesner* denkt, die Annahme, dass sich „schon in frühester Zeit eine namhafte Anzahl von Essenern der Urgemeinde anschloss und diese ihr erstes Zentrum auf dem essenischen Siedlungsgelände oder zumindest in unmittelbarer Nähe gründete", ließe auch „leichter erklären, wie eine Sammlung der Urgemeinde in Jerusalem unmittelbar nach der Hinrichtung Jesu möglich war." Mit *Christian Grappe*, Temple, der aufgrund vergleichbarer Konzepte wie archäologischer Zeugnisse auch für die Nähe der Urgemeinde zu in Jerusalem (im Essenerquartier) wohnenden Essenern plädiert, nimmt *Riesner* an, „dass eine führende Stellung des Petrus bei der organisatorischen Formierung der neuen Gemeinde und ihrer Traditionsbildung historisch wie soziologisch sehr wahrscheinlich ist" (147).
[120] Sofern, wie *Rainer Riesner*, Die Frühzeit des Apostels Paulus. Studien zur Chro-

auch den Herrenbruder Jakobus, den er als einzigen weiteren Apostel traf. Jakobus übernahm im Jahr 41 n. Chr., als Petrus dem Kerker des Herodes Agrippa I. entkam und über Antiochien erstmals nach Rom gelangte, die Leitung der Jerusalemer Gemeinde. Doch ist es nicht angebracht zu vermuten, Jakobus habe Petrus verdrängt.[121]

---

nologie, Missionsstrategie und Theologie (Wissenschaftliche Untersuchungen zum Neuen Testament 71), Tübingen 1994, S. 207–233, wahrscheinlich macht, Paulus von Anfang an seine Berufung zur Heidenmission empfing (wie der Apostel in Gal 1, 15f ja auch ausdrücklich versichert), muss sie in Jerusalem auch Gegenstand der Gespräche mit Kefas gewesen sein. Es gab – trotz der späteren Auseinandersetzungen – die durchgehende Gemeinsamkeit der Apostelfürsten. – Zur Auslegung von Gal 1, 18 vgl. auch *Martin Karrer*, Petrus S. 214f: „Die nächstliegende Parallele bildet Plutarchs Aristipperinnerung Mor. VI,516C. Wie Paulus zu Petrus reist, reist dort Aristipp zu Sokrates, um ihn kennenzulernen (*historein ton andra*). Das aber ist kein geringerer Vorgang als der Anschluss eines zutiefst getroffenen Schülers an Worte und Philosophie des Meisters (Sokrates; ebd.). So weit geht unsere Stelle nicht. Paulus schützt sich gegen den Gedanken, Schüler des Petrus geworden zu sein, durch die Einschränkung: Nur 15 Tage war er dort. Doch unangetastet bleibt der Grundgehalt von *historein*, für den ein Moment des Staunens, Bewunderns und Hochschätzens konstitutiv ist." – *Roland Minnerath*, Pierre S. 85–88: „C'est Céphas que Paul a tenu à rencontre. En lui, il reconnaissait le représentant légitime de l'Église des origines" (87); auch: *William R. Farmer & Roch Kereszty, O. Cist.*, S. 30–39: „Paul, in going to Jerusalem to question Peter, is moving up the stream of church tradition to its very source, i. e. to those eyewitnesses who first carefully formulated it" (36).

[121] War nicht „Jakobus der Herrenbruder – der erste ‚Papst'?" So lautet die provozierende Titelfrage von *Martin Hengel*, in: *Erich Gräßer – Otto Merk* (hg. v.), Glaube und Eschatologie. Festschrift für Werner Georg Kümmel zum 80. Geburtstag, Tübingen 1985, S. 71–102, die Hengel mit Hinweis auf die Bedeutung des Jakobus für die Ausbildung des monarchischen Episkopats in der Kirche beantwortet: „Jakobus wäre – wenn auch nicht unbedingt der ‚erste Papst', so doch – eine, ja vielleicht die entscheidende Vorstufe für das monarchische Bischofsamt in der Kirche" (102). Hengel meint, Petrus sei „aufgrund seiner zu laxen Haltung gegenüber dem Ritualgesetz für die Jerusalemer Gemeinde nicht mehr als Leiter tragbar gewesen, nachdem seit der Verfolgung Agrippas I. und durch den wachsenden ‚Zelotismus' in Judäa die Situation für die Judenchristen wesentlich verschlechtert hatte. Jakobus verschaffte sich dagegen durch seine charismatische und zugleich gesetzesstrenge Frömmigkeit, die ihm den Ehrennamen ‚der Gerechte' einbrachte, Respekt, weit über die Grenzen der judenchristlichen Gemeinde hinaus" (101). Hengel bleibt als „Tübinger" einem kirchengeschichtlichen Konfliktmodell als Deutungsmuster verhaftet. Vgl. zu dessen Ursprung, Geschichte und Nachwirkung: *Andreas Wechsler*, Geschichtsbild und Apostelstreit. Eine forschungsgeschichtliche und exegetische Studie über den antiochenischen Zwischenfall (Gal 2, 11–14) (Beihefte für die neutestamentliche Wissenschaft 62), Berlin-New York 1991. Auch *Lothar Wehr*, Petrus. – *Wilhelm Pratscher*, Der Herrenbruder Jakobus und die Jakobustradition (Forschungen zur Religion und Literatur des Alten und Neuen Testaments 139), Göttingen 1987, differenziert stärker, sieht, „dass nicht Jakobus, sondern Kephas z. Z. des Konventes die führende Position innerhalb des Säulenkollegiums innehatte" (69) und dass Jakobus nach der Verfolgung des Petrus durch Agrippa „an die Spitze der Jerusalemer Gemeinde getreten" (75) ist, aber „keine andere rechtliche Position ... als zur Zeit des Konvents" (80) gewann. Mit Recht unterstreicht Pratscher auch, dass Jakobus nie „paulusfeind-

Überblickt man die ersten zwölf Jahre der Jerusalemer Zeit des Apostels Petrus, so zeigt sich: Die innere Leitung und äußere Repräsentation der Urgemeinde und des ersten judenchristlichen Gemeinde-Verbunds fiel Petrus (an der Spitze der Zwölf) zu; seine Autorität ist sowohl charismatischer wie ‚amtlich'-institutioneller Art. Sie hat sich – auch in den Verfolgungen – in den ersten zwölf Jahren so gefestigt, dass sie sich dann auch in der werdenden universalen Kirche aus Juden und Heiden als deren Mitte zur Geltung bringen konnte.[122]

Leiter der Judenmission
Petrus war von Anfang an Leiter der Judenmission. Paulus weiß: Kefas ist „mit dem Evangelium für die Beschneidung betraut"

---

lich" war (101). Zur Diskussion um Jakobus vgl. jetzt auch *Roland Minnerath*, Pierre S. 189ff. – Nach *Peter Dschulnigg*, Petrus S. 17 trat Petrus als Leiter der Judenmission „nur in Bezug auf die Gemeinde in Jerusalem in den vierziger Jahren hinter dem Herrenbruder Jakobus zurück, dies wohl deshalb, weil er als Missionar den Umkreis seines Wirkens weit ausgedehnt hat und nur noch zeitweilig in Jerusalem weilte, während der Herrenbruder Jakobus örtlich fest verankert ist."

[122] Vgl. *Otto Knoch*, Petrus S. 9: „Gerade weil Paulus nicht den persönlichen Namen des Simon, sondern durchgängig dessen Funktionsbezeichnung verwendet und zwar entsprechend dem allgemeinen Gebrauch der damaligen gesamten Kirche, lässt sich daran ablesen, dass Kephas-Petrus in dieser Kirche unbestritten die grundlegende, maßgebliche Führungsstellung innehatte, die sich in seinem Titel, der ihm zur zweiten Person geworden ist, ausspricht." – *Eugen Rosenstock-Huessy*, Die Umwandlung des Wortes Gottes in die Sprache des Menschengeschlechts, Heidelberg 1968, S. 127 bemerkte: „Ich hoffe noch den Tag zu erleben, wo redliche Bibelkritiker in diesen zwölf Jahren in Jerusalem von der Kreuzigung bis zum Fortgang des Petrus die genialste Leistung Jesu, ihres Herrn, erkennen werden."
Dass Petrus am Ende der zwölf Jahre als Leiter der Jerusalemer Gemeinde von Agrippa I. verfolgt wird, wird zu wenig gewürdigt in der ansonsten instruktiven Monographie von *Daniel R. Schwartz*, Agrippa I. The Last King of Judaea (Texte und Studien zum Antiken Judentum 23), Tübingen 1990, S.119–124, 153–156 und 208–212. – Dass Petrus im Jahr 42 erstmals nach Rom ging (= „der andere Ort" von Apg 12, 17), hat *Carsten Peter Thiede*, Babylon, der andere Ort: Anmerkungen zu 1 Petr 5, 13 und Apg 12, 17, in: Biblica 67 (1986) 532–538, noch einmal wahrscheinlicher gemacht. Eine umfassende Argumentation – bis hin zur Berücksichtigung archäologischer Hinweise – für den frühen Aufenthalt Petri in Rom (und die Entstehung des Markusevangeliums dort im Jahr 45 n. Chr.) hat vorgelegt: *John Wenham*, Redating Matthew, Mark and Luke. A Fresh Assault on the Synoptic Problem, London 1991, S. 154–172. – Zur Diskussion vgl. auch *Roland Minnerath*, Pierre S. 135ff; *Raymond E. Brown and John P. Meier*, Antioch & Rome. New Testament Cradles of Catholic Christianity, New York/Ramsey 1983, S. 92ff.
Die Bischöfe der römischen Gemeinde stehen in der Nachfolge von Petrus u n d Paulus, des Leiters der Juden- und des Leiters der Heidenmission! Auch wenn sich daraus keine Lehre von einem „doppelten Haupt der Kirche" (verworfen von Innozenz X. im Jahre 1647; vgl. DS 1999) ableiten lässt, ist der Sachverhalt selbst von großer – auch ökumenischer – Bedeutung.– Vgl. dazu *William R. Farmer & Roch Kereszty, O. Cist.*, Peter.

(Gal 2, 8); er setzt dessen beträchtliche Missionserfolge voraus. Sie sind greifbar im Wachstum der Jerusalemer Urgemeinde wie in der Bildung judäischer Gemeinden. Petrus fehlten – so lassen es die Wundererzählungen der Apostelgeschichte erkennen – auch die von Paulus so genannten „Zeichen des Apostels" (2 Kor 12, 12) nicht.

Dass die Zwölf „Apostel" heißen, war anfangs wohl keine exklusive Identifikation. Mit dem Begriff „Apostel" übernahm die Urgemeinde den jüdisch vorgegebenen Schaliach-Begriff: Der Gesandte ist wie der Sendende. Die Apostel sind Repräsentanten des Messias Jesus. Die Berufung und Sendung in einer Christophanie war das von Paulus bezeugte Kriterium.[123]

Auch der Herrenbruder Jakobus, der nicht zu den Zwölfen zählt, ist Apostel. Inzwischen Leiter der Jerusalemer Gemeinde, erscheint er für Paulus beim Apostelkonzil als erster unter den dreien (Jakobus, Kefas, Johannes), die „Säulen" (Gal, 2, 9; vgl. Offb 3, 12) genannt werden, verantwortliche Träger des Baus der Ekklesia. Aber nicht er, sondern Petrus ist für die Judenmission verantwortlich. Daneben tritt Paulus, dessen Hauptverantwortung für die Heidenmission sich erwiesen hat und von den „Angesehenen" in Jerusalem anerkannt wird.

Heidenmissionar

Petrus hat sich nicht auf die Mission unter Juden beschränkt, sondern auch Heiden bekehrt, wie die Korneliusgeschichte (Apg 10–11) lehrt (gleich, ob vor oder nach dem Apostelkonzil). Gleicherweise war Paulus nicht nur Heiden-, sondern auch Judenmissionar, der die Synagogen aufsuchte.

Petrus und Paulus trafen nach dem Jerusalemer Abkommen in Antiochien erneut zusammen; hier hielten Juden- und Heidenchristen erstmals volle Tischgemeinschaft. Petrus fiel im Konflikt dort (vgl. Gal 2, 11ff) die Aufgabe zu, die Einmütigkeit des entstehenden Gemeindeverbunds aus juden- und heidenchristlichen und den gemischten Gemeinden zu wahren.[124] Es gelang ihm mit Jakobus und Paulus, die Einheit der sich ausbreitenden Kirche zu festigen. In Apg 15, 25 heißt es nicht zufällig: „Wir haben, einmütig geworden, beschlossen …"

---

[123] Vgl. dazu *Jürgen Roloff*, Art. Apostel/ Apostolat/ Apostolizität, in: Theologische Real-Enzyklopädie III (1979) S. 433.
[124] Vgl. dazu *Rudolf Pesch*, Simon-Petrus S. 85ff.; Ders., Die Apostelgeschichte (Apg 13–28), S. 68–90.

Petrus und Jakobus
Petrus war als Mit-Heidenmissionar zunächst in Konflikt mit Jakobus geraten. Für Jakobus sah das Jerusalemer Abkommen wohl die Trennung von juden- und heidenchristlichen Gemeinden vor, damit die Judenchristen auch die ganze Reinheits-Tora halten könnten. Unter dieser Voraussetzung anerkannte und stützte er die Gemeinde aus Juden- *und* Heidenchristen.

In Jerusalem wurde die antiochenische Praxis eines nicht mehr an die Kult-Tora gebundenen Glaubens denunziert, und das war für die Gemeinde dort „lebensgefährlich". Jüdische und vielleicht auch judenchristliche Eiferer setzen Jakobus zu. Als Petrus den Kompromiss mit Jakobus suchte, geriet er in eine Auseinandersetzung mit Paulus.

Den Kompromiss mit den Jakobusklauseln haben aber alle gemeinsam getragen – und Petrus und Paulus bezeugen je auf ihre Weise den Grund der Einmütigkeit der Kirche, die Übereinstimmung im Glauben, d. h. in der Anerkenntnis des Handelns Gottes in der Geschichte des Messias Jesus und der Kirche.

Sie sagen ausdrücklich „wir" und schließen jeweils den anderen ein, alle Apostel, auch Jakobus (vgl. auch 1 Kor 15, 11). Der eine sagt: „Wir haben erkannt, dass der Mensch nicht durch die Werke des Gesetzes gerecht wird, sondern durch den Glauben an Jesus Christus" (Gal 2, 16); der andere: „Wir glauben, dass Juden und Heiden durch die Gnade Jesu, des Herrn, gerettet werden" (Apg 15, 11).

Nur auf diesem gemeinsamen Boden ist verständlich, dass die in Jerusalem getroffene Entscheidung, den Heidenchristen in den gemischten Gemeinden die Jakobusklauseln aufzuerlegen, universale Geltung beanspruchte, d. h. (neben Syrien) auch die Missionsgebiete des Paulus (Kilikien) einschloss. Und es gibt keinen durchschlagenden Grund zu bezweifeln, dass Paulus und Timotheus, „als sie durch die (dortigen) Städte zogen, ihnen die von den Aposteln und Ältesten in Jerusalem gefassten Beschlüsse überbrachten und ihnen auftrugen, sich daran zu halten" (Apg 16, 4).[125]

---

[125] *David Flusser*, Artikel „Paulus II. Aus jüdischer Sicht", in: Theologische Realenzyklopädie XXVI (1996) 153–160, S. 156 urteilt jetzt: „Für Petrus bzw. Jakobus waren die drei noachitischen Gebote das Minimum, für Paulus das Maximum ... Paulus hat wohl – obwohl er das nirgends erwähnt – das Apostledekret in seiner ursprünglichen Form angenommen." – Dass Paulus in Europa und in der Asia diesen Kompromiss nicht mehr benötigte, liegt gewiss daran, dass seine Gemeinden nun schon überwiegend heidenchristlich waren. Mit Recht hebt auch *Jürgen Becker*, Paulus. Der Apostel der Völker, Tübingen 1989, S. 107 hervor, dass Paulus (spätestens) „im 1 Kor keine persönliche Reserve mehr gegenüber Petrus erkennen" lässt. Vgl. auch

Die gesamtkirchliche Autorität des Petrus
Erst in Antiochien, aber auch spätestens hier, stellten sich die Probleme der Einheit und Einmütigkeit des entstehenden Verbunds von so unterschiedlichen Gemeinden – der Kirche aus Juden und Heiden. Und damit stellte sich die Frage nach der gesamtkirchlichen Autorität des Petrus (im Gespiel mit Jakobus in Jerusalem und Paulus, der dann Antiochien verließ und in die Asia und nach Europa ging).
Petrus ist nach dem Antiochenischen Konflikt wohl eine Weile in Antiochien geblieben; die Überlieferung spricht später von seinem siebenjährigen Episkopat dort.[126] Deutlich ist jedenfalls, dass Petrustraditionen Antiochien als ihren Vermittlungs-(wenn nicht auch Entstehungs-)ort haben.

Mt 16, 16–19
Dazu ist vielleicht die Tradition zu zählen – in Jerusalem formuliert und in Antiochien übernommen und überliefert? –, die den gesamtkirchlichen Geltungsanspruch der Autorität des Petrus als „Felsenfundament" festhält: Mt 16, 16–19. „Wenn wir recht sehen, wird die urkirchliche Position des Petrus als des entscheidenden Offenbarungstradenten, des Felsenfundaments des in der Juden- und Heidenmission geschehenden Baus der Ekklesia des Herrn Jesus, des Inhabers der Schlüsselgewalt (die Auslegungsvollmacht der Zulassungs- und Ausschlussbedingungen für die Ekklesia mit

---

Eduard Lohse, Petrus und Paulus, in: Jahres- und Tagungsbericht der Görres-Gesellschaft 1995, Köln 1995, S. 51–67, bes. S. 63: Trotz der „schmerzlichen Auseinandersetzung wird es weder mit der Gemeinde in Antiochia noch mit Petrus zu einem dauernden Zerwürfnis gekommen sein." *Otto Böcher*, Petrus S. 269 urteilt: Petrus hat sich „mit Paulus nicht entzweit"; *Lothar Wehr*, Petrus S. 76: „Petrus und Paulus haben sich beide – das verbindet sie – um die Einheit der Kirche bemüht, die Einheit von Juden- und Heidenchristen. Petrus scheint dies aber eher gelungen zu sein." Anders spricht *Hans Hübner*, Artikel „Paulus I", in: Theologische Realenzyklopädie XXVI (1996) 133–153, S. 138 bzw. 140 noch immer vom „zerstörten Verhältnis zwischen Paulus und den Jerusalemern" bzw. von seiner „gefährlichen Illusion über seine Stellung in der Gesamtkirche." – *Anton Dauer*, Paulus und die christliche Gemeinde im syrischen Antiochia (Bonner Biblische Beiträge 106), Weinheim 1996, spekuliert über ein „Trauma" des Paulus, für das der „Antiochenische Zwischenfall" der Grund gewesen sein soll: „Es spricht vieles dafür, dass Paulus sich in dieser Auseinandersetzung mit Kephas, einem Großteil der Gemeinde und Barnabas nicht durchsetzen konnte, sondern eine bittere Niederlage erlitt ... Seine Briefe, speziell der Gal, zeigen m. E. jedenfalls, dass dieses Trauma noch nicht verheilt war, auch wenn er sich gewiss nicht in Feindschaft von der Gemeinde und schon gar nicht von Barnabas oder Petrus getrennt hatte, wie schließlich seine durchaus positiven Bemerkungen über die beiden in 1 Kor zeigen" (127f).
[126] Belege dazu bei *Rudolf Pesch*, Simon-Petrus S. 105. – Zur Diskussion vgl. *Roland Minnerath*, Pierre S. 140ff.

Wirkung für die Basileia ist) anlässlich des Antiochenischen Streits formuliert, und zwar theologisch sachgemäß als Beauftragung durch den Auferstandenen. Die Tradition Mt 16, 16–19, zunächst vermutlich auf die Juden-Heidenproblematik bezogen, ist freilich so allgemein formuliert, dass ihr Anspruch in der Rezeptions- und Auslegungsgeschichte neu interpretierbar war."[127]

Paulus bezeugt möglicherweise, dass Petrus in Korinth missioniert hat. Nach Rom kann Petrus zum zweiten Mal frühestens im Jahr 55 n. Chr. gekommen sein. Sein Märtyrertod ist wahrscheinlich auf Ende 67 oder den Beginn des Jahres 68 n. Chr. zu datieren.

Die Überlieferungen über die Abfassung des Markus-Evangeliums durch den Hermeneuten des Petrus setzen dessen vorherige ausgebreitete Lehrtätigkeit in Rom voraus. Man sollte keinen Lehrgegensatz zu Paulus konstruieren, denn Petrus hat gewiss – was durch den ersten Petrusbrief indirekt bestätigt ist – die Grundzüge der paulinischen Theologie geteilt; auch sie ist ja auf der Basis der urgemeindlichen, von Petrus mitverantworteten Theologie entwickelt.

Das theologische Denken des Petrus wird durch die Synagogen in Bethsaida und Kafarnaum, durch Jesus, seine Geschichte, auch durch die messianische Schriftdeutung in der Urgemeinde geprägt worden sein.

Überblicken wir die fast vierzig Jahre bis zum Tod Petri: Simon Petrus ist – in wechselnden Konstellationen zusammen mit den Zwölf, mit anderen Aposteln, den „Säulen" (und Presbyterkollegien) – die Autorität des mitgeteilten Verbundes von Gemeinden zwischen Jerusalem und Rom. In den ersten zwölf Jahren war Petrus der Erste unter den Aposteln in Jerusalem, wohin er auch zum sogenannten Apostelkonzil vorübergehend zurückkehrte; danach verlagerte sich mit ihm die Repräsentation der Mitte des erneuerten Gottesvolks nach Antiochien und schließlich nach Rom.

---

[127] *Ebd.* S. 104.

XII
Anforderungen an den Träger des Primats

Wir befassen uns in diesem Nachtrag noch mit Anforderungen, wie sie an Petrus gestellt waren und die vom Einmaligen seiner Geschichte auf das Bleibende eines Amtes hinweisen.

1. Der zum Verstehen kommt, wird Träger des Primats

Petrus ist unter den Zwölfen der erste derer, die aus Unverständnis zum Verstehen geführt werden, denen der Vater die Sohnschaft Jesu offenbart hat: durch ihn, den Offenbarer, der Gott erkannt und verstanden hatte (vgl. Mt 11, 27).

Deutlich ist in allen Evangelien, dass Jesus in seinem Volk Israel auf Ablehnung stieß; nur wenige halten zu ihm, allen voran Petrus. Das Johannesevangelium hat die Situation zugespitzt: „Daraufhin zogen sich viele Jünger zurück und wanderten nicht mehr mit ihm umher. Da fragte Jesus die Zwölf: Wollt auch ihr weggehen?" Simon Petrus macht sich zum Sprecher der Zwölf: „Herr, zu wem sollen wir gehen? Du hast Worte des ewigen Lebens. Wir sind zum Glauben gekommen und haben erkannt: Du bist der Heilige Gottes" (Joh 6, 66–69).

Glauben und Verstehen
Matthäus unterstreicht, dass Glaube und Verstehen sich nicht „Fleisch und Blut", keinen natürlichen Voraussetzungen verdanken, sondern der Offenbarung des Vaters. Und Lukas weist ausdrücklich darauf hin, dass Petrus erst – nach seiner Umkehr – mit dem österlichen Sehen das Verstehen geschenkt wurde (Lk 24, 34; Apg 2).

Derjenige, der zum Glauben und Verstehen gekommen ist, wurde mit dem ‚Wächteramt' betraut; er muss den Zugang zum Glauben und Verstehen für alle offen halten.

Sein Amt ist Stellvertretung, kann nicht nur einmalig sein, muss bleiben.

2. Der trotz seiner Schwäche stark ist, wird Träger des Primats

Petrus ist der erste derer, die an Jesus und seiner Geschichte Anstoß nehmen und schuldig werden; er hat den Meister verleugnet. Aber schon bei seiner Berufung, so unterstreicht Lukas, der uns das Auftragswort von der Stärkung der Brüder überliefert, hat gerade Simon Petrus sich als unwürdiger Sünder bekannt und den todüberwindenden Zuspruch empfangen: „Fürchte dich nicht!" (Lk 5, 8.10).

Gegen den Stolz, so erzählt auch Johannes, wird Petrus inmitten der Zwölf im Dienen geschult, indem er zunächst lernt, um Hilfe zu bitten, sich bedienen zu lassen (Joh 13). So wird er als Diener aller „der Erste" (vgl. Mt 10, 2 mit Mk 10, 35; Lk 22, 24–26).

Worte der Vergebung
Stark, die Brüder zu stärken, wird Petrus, so heißt es im Auftragswort Lk 22, 31f, aus der Umkehr, aus der Vergebung. Im Matthäusevangelium geht der Petrusverheißung die Szene vom Seewandel voran: Der Kleingläubige ruft um Hilfe und ergreift die ausgestreckte Hand Jesu. Der Schlüsselträger verkörpert, dass die Schlüssel zum Himmelreich vor allem die Worte der Vergebung sind.

Das Amt des „*servus servorum*", das an die Schwäche aller erinnert (besonders auch im Zusammen von Petrus und Paulus), ist notwendig als der angebbare Ort, wo Gottes Stärke der Schwachheit der Kirche bleibend zu Hilfe kommt.

3. Der das Martyrium auf sich nimmt, wird Träger des Primats

Petrus ist auch der erste derer, denen der Vater die Basileia vermacht hat, inmitten der „kleinen Herde" (vgl. Lk 11, 32), die Jesus aus „den verlorenen Schafen des Hauses Israel" (Mt 10, 6; 15, 24) sammelt und zu denen er „noch andere Schafe, die nicht aus diesem Schafstall sind," hinzuführen muss, damit „es dann nur eine Herde und einen Hirten geben wird" (Joh 10,16).

„Liebst du mich mehr?"
Die dreifache Frage des auferstandenen Herrn, ob Petrus ihn liebe – mehr als die anderen Jünger –, zielt auf das eindeutige Zeugnis, auf die ganze Sorge für die Gemeinde, zuletzt auf sein Martyrium (Joh 21, 15ff). Denn die Agape vollendet sich in der Lebenshingabe für die Brüder (Joh 13, 1; 15, 13).

Die Hingabe dient nun gerade dem Leben der Brüder; und gerade auch sie, als einmalige Tat, verlangt nach einem bleibenden Dienst. Petrus hat sich – wie in der Verlängerung der Verleugnungsszenen der Evangelien noch die Quo-Vadis-Legende festhält – nicht zum Martyrium gedrängt. Doch sein „Amt" ist es, an den ‚getreuen Zeugen' zu erinnern, dessen Tod neues Leben hervorbrachte.

XIII

Primat und Kollegialität – apostolische Sukzession und apostolisches Leben

Ein zweiter Nachtrag sammelt noch einige Aspekte ein, die aus dem, was an Petrus sichtbar wurde, in den Primat eingegangen sind und unserer Aufmerksamkeit bedürfen.

1. Stellvertretung: personales und synodales Prinzip

Wahrnehmung von Verantwortung in der Gemeinschaft des Gottesvolks, der Kirche, ist an „Stellvertretung" gebunden. Die Geschichte Gottes mit seinem Volk ist dadurch bestimmt, dass der einzelne in seiner unverwechselbaren und einzigartigen Personalität und die Gemeinschaft als ihm vorgegebenes und durch ihn mitkonstituiertes Ganzes unzertrennlich zusammengehören.

„Jahwe schließt seinen Bund mit dem einzelnen Glied seines Volkes und zugleich mit Israel insgesamt ... Jeder einzelne Israelit vertritt sein Volk, wenn er seine spezifische Verantwortung wahrnimmt. Der alttestamentliche Bundesgedanke impliziert somit das ‚Prinzip Stellvertretung': Wer die Gemeinschaft mit seinem Volke wahrt und fördert, indem er seine Verantwortung erfüllt, weil er sich gemäß seiner Begabung, Berufung und Sendung für die anderen einsetzt, wird zur ‚Einbruchstelle' von Heil (Gemeinschaft mit Jahwes Zukunft). Und umgekehrt: Wer die ihm übertragene Verantwortung für das eigene Volk missbraucht, weil er die Gemeinschaft durch das eigene Ich ersetzt, der verschließt die ‚Einbruchstelle' des Heils, die er selber sein soll."[128]

Durch die endgültig-einmalige Stellvertretung des Messias Jesus wird in der Ekklesia als seinem Leib ein neuer Raum geschaffen, in dem die Glaubenden „mit und in Christus selbst zum Stellvertreter" werden und die Überlieferung (*traditio*) des Erlösers mitvollziehen.[129]

---

[128] *Karl-Heinz Menke*, Stellvertretung, S. 49f.
[129] *Ebd.* S. 51

Stellvertretung in der Ekklesia partizipiert an der Neuheit des Neuen Bundes, indem die Verheißungen des Alten sich als gegenwärtige Gaben erweisen im „Schon" und „Noch nicht". Stellvertretung erweist sich als „Enteignung für andere".[130]

Die Signatur der Stellvertretung
Blicken wir von solcher bibeltheologischer Grundeinsicht zurück auf die Petrusbilder des Neuen Testaments, so wird man überrascht davon, wie sich die Signatur der Stellvertretung in ihnen anzeigt. Wenn ‚die Figur der Zwölf' zum Neuen am Neuen Testament gehört – und dies tut sie als Schöpfung Jesu –, so gehört zu diesem Neuen auch die doppelte Stellvertretung Petri – für Jesus und für die Zwölf.

Die Evangelien und die Apostelgeschichte machen die Einbindung Petri in die Lebens- und Sendungsgemeinschaft der von Jesus erwählten Zwölf (vgl. Mk 3, 14f) hinreichend deutlich. Handelt es sich beim Verhältnis ‚Petrus – die Zwölf' um eine Relation der Stellvertretung, so ist klar, dass Petrus die Zwölf vertritt – nicht sie ersetzend, sondern ihr Für-Sein für Israel tragend und frei-setzend.

Personales und synodales Prinzip
Stellvertretung in der Nachfolge Jesu ist als Dienst – als Enteignung für andere definiert: der Größere wie der Jüngere, der Leiter wie der Dienende (Lk 22, 26), in die Tischgemeinschaft eingebundener Dienst.

Wie Petrus als Fundament der Ekklesia gilt, gelten mit ihm auch die zwölf Apostel als deren Fundament und als Grundsteine des neuen Jerusalem (Eph 2, 20; Offb 21, 14). Dort, wo im Neuen Testament ein weiterer Apostelbegriff (z. B. 1 Kor 15, 7) vorliegt, ist er aufs ganze gesehen – er musste ja erst durch die historische Kritik wieder freigelegt werden – ohne Wirkung geblieben. Denn Paulus war ja durch seine Briefe im Kanon zureichend als Apostel der Heiden legitimiert.

Im Licht der neutestamentlichen Texte erscheint schon strukturell angelegt, was sich für das Zueinander von Primat und Episkopat ergeben hat. Es gibt das Miteinander und Ineinander von personalem und synodalem Prinzip der Verantwortung.

Der Geist Gottes, der den Raum der Stellvertretung eröffnet, siedelt in ihm beide an, er bedient sich beider, der einzelnen (Petrus) wie des Kollegiums (Zwölf) (auch des einzelnen Propheten

---

[130] *Ebd.* S. 332 (Referat der Position Joseph Ratzingers); vgl. auch *Joseph Ratzinger, Primat.*

wie der prophetischen Versammlung). Petrus ist Sprecher und Vertreter der „Gesamthand" der Apostel (und der ganzen Gemeinde). Die Kirche hat zwei Brennpunkte, wie bei einer Ellipse: das personale und das synodale Prinzip.

2. Sendung: Apostolische Sukzession und apostolisches Leben

Nach Joh 20, 19–24 empfangen die Zwölf inmitten der Jüngergemeinschaft ihre Sendung: „Wie mich der Vater gesandt hat, so sende ich euch" (20, 21). Voraussetzung der Sendung ist freilich auch hier, wie schon in Mk 3, 14, das Mitsein mit Jesus, d. h. jetzt nach Ostern der Empfang des heiligen Geistes, des „anderen Parakleten" (Joh 14, 16f.26).

Insofern der Heilige Geist der „Raum" oder das „Prinzip" aller Stellvertretung ist (vgl. z. B. Joh 16, 13f; 2 Kor 3, 17), leuchtet von daher auch ein, wie Mitsein mit Jesus und Sendung, apostolisches Amt und apostolisches Leben als Leben in Gemeinschaft, untrennbar zusammengehören. Der Heilige Geist ist ja gleichsam der Atem, der Lebensodem des Leibes Christi, den der Geist aus toten Gebeinen (vgl. Ez 37) zum Leben brachte.

In die Tischgemeinschaft eingebundener Dienst
Bei der Schaffung der Zwölf lautet deren erste Bestimmung: Sie sollen Gemeinschaft mit Jesus haben, als die Mitte des eschatologisch gesammelten Israel. Die Mitte des Gottesvolks ist Gemeinschaft, Tischgemeinschaft. Petrus und die Zwölf sind an den Tisch Jesu geladen und als seine neue Familie Repräsentanten der Gemeinschaft mit ihm (als der Gemeinschaft mit Gott) und untereinander.

Mustern wir unter dieser Rücksicht die Zwölferszenen der Evangelien, so werden sie sprechend. Zum Essen mit Jesus geladen, werden die Apostel für die Speisung der 5000 verantwortlich gemacht, die sich nicht zerstreuen, sondern nach der eschatologischen Lagerordnung Israels in überschaubaren Gruppierungen lagern sollen (Mk 6, 30–44 parr).

Der Rangstreit unter den Zwölfen ist ein Streit um die Plätze beim Mahl der Gottesherrschaft (Mk 10, 35–45 parr). Die Zwölf sind die Mahlgenossen Jesu beim Paschamahl vor seinem Tod, das er inmitten seiner neuen Familie feiert (Mk 14, 17ff parr.) Aus dem Mit-Sein mit ihm geht ihre Sendung hervor.

Vollmacht
Mit der Sendung ist die Übergabe der Vollmacht verbunden, denn der Gesandte ist wie der Sendende. In Mk 3, 14–15 ist davon ausdrücklich die Rede, dass sie „Vollmacht haben" sollen. Da die Zwölf – in Apg 6, 2 zum letzten Mal erwähnt (doch vgl. in 15, 6.22 die Apostel!) – als die Apostel, die ihre Sendung auf die Beauftragung durch den Auferstandenen zurückführen durften, zunächst in der Stellvertretung Gesamtisraels für „die Wiederaufrichtung der Hütte Davids aus ihren Trümmern" (so Jakobus in Apg 15, 15–17 mit Am 9,11f; Jer 12, 15) einstanden, damit dann „die übrigen Menschen den Herrn suchen könnten, auch alle Völker", bilden sie das Fundament, auf dem die Kirche aus Juden und Heiden gebaut ist.

Person und Amt
Die Namenlisten in den Evangelien und der Apostelgeschichte lassen die Personbindung des Apostolats und damit dessen ‚amtlichen' Charakter erkennen. Ebenso ist es nach Apg 13, 1–3 bei den Propheten und Lehrern, wo bei der Aussendung von Paulus und Barnabas als „Aposteln" der Antiochenischen Gemeinde auch zum ersten Mal die Handauflegung erwähnt wird. Eine Kette der Handauflegungen wird dann schon erkennbar, wenn Paulus und Barnabas am Ende ihrer ersten Missionsreise „in jeder Gemeinde durch Handauflegung Älteste bestellen" (Apg 14, 23).

Sukzession
Bei Barnabas führt der Leser diese Kette unwillkürlich bis zu den Aposteln in Jerusalem zurück, zu deren Füßen Barnabas schon den Ertrag seines Grundstücksverkaufs auf Zypern niedergelegt hatte (Apg 4, 36f) und von denen er aus Jerusalem nach Antiochien gesandt worden war (Apg 11, 1.22). Und mit Barnabas war schließlich auch Paulus schon in Jerusalem bei den Aposteln ein- und ausgegangen (Apg 7, 29f).
  Lukas lässt Paulus in der Abschiedsrede vor den ephesinischen Presbytern in Milet ausdrücklich von einer Einsetzung in die apostolische Nachfolge sprechen: Der Heilige Geist hat die Presbyter zu Bischöfen bestellt und ihnen die Diakonie der Apostel anvertraut (Apg 20, 24.28).

Aus der christologischen Mitte
Dass die so gezeichnete apostolische Struktur des Amtes in die christologische Mitte zurückführt, hat dann im Kontext des Kanons Petrus, Paulus sekundierend, in 1 Petr 5, 1–4 (mit 2, 25) aus-

geführt: Der Mit-Älteste mahnt als Hirte die Hirten der Gemeinden unter Berufung auf den „Erzhirten" Jesus Christus.

Und dem Testament des Petrus tritt dann in Rom nochmals das Testament des Paulus zur Seite, der zweite Timotheusbrief, in dem die Kette apostolischer Sukzession ebenfalls deutlich erscheint (2 Tim 1, 6; 2, 2; vgl. 1 Tim 4, 14) und ihre christologische (auch trinitarische) Verankerung (2 Tim 1, 7f; auch 3, 10–12).

Einmal und immer
Lukas hat durch seine terminologische Entscheidung, in der er die Zwölf und die Apostel gleichsetzt, auch „das Einmalige des Ursprungs vom Immerwährenden der Nachfolge" unterschieden: „Die Presbyter-Episkopen sind Nachfolger, aber nicht selbst Apostel. Zur Struktur von Offenbarung und Kirche gehört das ‚Einmal' wie das ‚Immer'. Die christologisch begründete Vollmacht des Versöhnens, des Weidens, des Lehrens geht in den Nachfolgern unverändert weiter, aber sie sind Nachfolger im rechten Sinn nur dann und dadurch, dass sie ‚bei der Lehre der Apostel verharren' (Apg 2, 42)."[131]

Schon im Lukasevangelium zeichnet sich im Gefälle der Anweisungen Jesu an seine Apostel eine „Sukzession des Dienens" ab: Jesus ist der „Meister", der urbildhaft dient. Er weist die Apostel – wie auch bei der Fußwaschung im Johannesevangelium – an, seinen Sklavendienst gegenüber der Gemeinde weiterzuführen. Und damit setzt er zugleich die verbindliche Norm für die zukünftigen ‚Amtsträger'. Ihr sollen sie verpflichtet sein und an ihr sich messen und gemessen werden.

Apostolisches Leben
Zum Immerbleibenden gehört das „Leben wie in der Zeit der Apostel". Hirten und Gemeinden müssen „bei der koinonia verharren" (Apg 2, 42), dem Mit-Sein, der Gemeinschaft apostolischen Lebens, von der es wiederum im Bild der Tischgemeinschaft heißt: „Tag für Tag ... brachen sie in ihren Häusern reihum das Brot und hielten miteinander Mahl in Freude und Einfalt des Herzens" (Apg 2, 46).

Wie der apostolischen Sukzession bedarf es – soll die Sendungsvollmacht im Mit-Sein, in der *Koinonia* verwurzelt bleiben – auch der bleibenden Repräsentation des Mit-Seins mit Jesus im apostolischen Leben, seiner Weitergabe. Und sie kann nicht ohne gemeinsames Leben der Jüngerschaft geschehen, in welche das Amt eingebunden bleibt.

---

[131] *Joseph Kardinal Ratzinger*, Gemeinschaft S. 115.